인문잡지 한편
3

환상

KB108733

"만인 중 가장 현명한 사람도
환상에서 벗어나지는 못할 것이고,
많은 노력 끝에 어쩌면 착오는
방지할지 몰라도, 그를 끊임없이
성가시게 하는 환상을
소멸시킬 수는 없을 것이다."

칸트,『순수이성비판』

인문잡지 한편
2020년 9월
3호

환상

환상과 함께
살아남기

무서운 악몽은 끝났다. 환희 속에 눈을 뜨자 사랑하는 사람과 어머니, 엄청난 고난에 빠졌던 그의 곁을 충직하게 지킨 친구가 있었다. 맑고 뜨거운 눈물이 샘솟았다. 정성 어린 간호 속에서 그가 기운을 되찾는 사이에 친척이 죽으면서 작은 재산과 교외의 땅을 물려주었다. 이제 결혼하기로 한 나타나엘과 클라라는 떠나기 전 마지막으로 시청 첨탑에 올라간다. 옅은 안개에 싸인 숲과 그 뒤로 펼쳐진 푸른 산맥을 보려 나타나엘이 무심코 망원경을 꺼낸 순간, 광기가 다시 찾아온다. 희번덕거리는 눈에서 불꽃이 튀더니, 그는 공중으로 껑충껑충 뛰어오르고, 끔찍하게 웃으면서 소리치다가 우악스러운 힘으로 클라라를 붙잡고는 난간으로 내던지려 한다. 비명 소리가 허공으로 사라져 갈 때 아래에 있던 클라라의 오빠가 달려와 동생을 구해 낸다. 미쳐 날뛰는 자를 제압하기 위해 탑으로 올라가려는 사람들 가운데 나타나엘의 오랜 악몽의 원인인 코펠리우스가 우뚝 솟는다. "하 하─기다리시오. 틀림

없이 스스로 내려올 게요." 돌연 코펠리우스를 알아본 나타나엘은 난간 너머로 뛰어내린다⋯⋯.

E. T. A. 호프만의 환상문학의 고전 「모래 사나이」(1816)의 주인공 나타나엘은 작가 지망생이다. 그가 수많은 습작들을 읽어 줄 때 연인 클라라는 지루해한다. 나타나엘의 환상을 끝내 공유하지 못하는 클라라는 결말에서 "자신의 밝고 명랑한 심성에 맞는 평온하고 가정적인 행복을, 내면이 분열된 나타나엘이라면 절대로 주지 못했을 행복을 찾았다고 한다." 이렇게 안락한 삶으로 돌아간 클라라에게도 섬뜩함이 느껴진다는 평자들이 있다. 예술가 대 시민 사회라는 오래된 도식에서 보자면 불타오르는 예술의 환상과 단조로운 현실의 일상이 있는데, 전자를 승화시키지 못하고 죽음을 맞은 시인 나타나엘의 비극에 초점을 맞추는 것이다.

하지만 「모래 사나이」는 산문적인 클라라가 살아남는 이야기이기도 하다. '차갑지만 명쾌하고 예리한 지성의 소유자'로 묘사되는 클라라가 나타나엘의 환상에 거리를 두는 장면은 실로 소설에서 무척 웃긴 대목이다. 끊임없이 자기만의 이야기를 늘어놓는 사람 앞에서 묵묵히 뜨개질을 하는 등 딴청피우는 모습이 우리네 인생살이와 겹쳐지기 때문이다. 다만 소설에 드리운 어둠과 슬픔이 질문을 남긴다. 나타나엘은 왜 죽어야만 했을까 하는.

코로나 시대의 한국에서

코로나19 시국에 우리는 죽고 사는 일을 문자 그대로 받아들인다. 헬조선이 지나가고 코로나 시대가 온 것이다. 헬조선의 토대인 극한의 취업난, 극한의 부동산 문제, 극한의 교육열, 극한의 오지랖 문화 등등 극한의 요소가 사라진 것은 아니다. 하지만 K-pop, K-컬처, K-방역의 성공과 함께 헬조선이라는 유행어는 저물어 간다. 헬조선에 담긴 자조 또는 화는 K-ness(한국스러움)에 대한 자부 또는 웃음으로 옮겨 가고 있다.

《한편》3호가 '환상'에 접근하는 기분은 헬조선과 케이팝 사이에 있다. 헬조선이라는 철 지난 말이 사실 여전히 유효한 암울한 현실과, 케이팝이 주는 달콤하고 서정적인 환상 사이다. 현실만이 중요하다고 역설하기에는 다들 매일매일 노래를 듣고, 동영상을 재생하고, 쇼핑을 하고, 책을 펼치면서 환상 속에 빠져든다. 기분이 좋아지리라는 환상, 재미있을 거라는 환상, 예뻐질 거라는 환상, 의미를 찾으리라는 환상은 가끔씩 현실이 된다.

현실에서 벗어나 먼 곳으로 떠나려는 심리, 주변 사람들에게 웃으면서 들려주는 꿈, 아무에게도 말할 수 없는 욕망 없이는 살수가 없는 우리 인간이란 뭘까? 정신을 못 차릴 정도로 푹 빠지는 몰입과 망설이고 주저하면서 거리 두기를 오가는 존재다. 독일의 소설가 토마스 만은 두 가지 항이 있을 때 꼭 하나만을 택할 필요는 없다고 말한다. "진심이 없지는 않으나 교활하고 애매한 태도로 대립 관계 속에서 유희하며 한쪽을 편들거나 결정을 내리기를 특별히 서두르지 않는, 양쪽을 향한 아이러니로서 유보를 우리는 사랑합니다."(『괴테와 톨스토이』) 한편 한국의 정치평론가 김민하는 그런 식의 유보가 "의미와 무의미 사이에서 갈피를 잡지 못하는 단순한 유행으로 귀결되기도 할 것"(『냉소 사회』)이라고 지적한다. 「모래 사나이」에 따르면, 현실과 환상 사이에서 갈피를 못 잡을 때 죽음은 친근하게 우리를 바라볼 것이다.

나 자신도 미칠 수 있다

환상이란 보통 "현실적인 기초나 가능성이 없는 헛된 생각이나 공상"(표준국어대사전)으로 여겨진다. 《한편》은 환상을 현실의 반대말로 보는 데서 시작했다. 현실과 환상, 일상과 꿈, 사실과 허구, 실상과 가상, 제정신과 광기……. 그런데 이 행렬에서 후자를 파고들다 보면 환상이란 '현실적인 기초나 가능성이 없는' 것만도 아니고, '헛된' 것만도 아니라는 점을 알게 된다.

환상과 현실이 가짜와 진짜의 관계는 아니라는 점은 19세기의 환상문학에서 배울 수 있다. 오늘날 공포 영화에서 귀신은 실제로 사람들을 죽이고, 판타지물 속 세계는 작가가 창조한 것임이 확실하다면, 200년 전 드라큘라, 자동인형, 귀신 들린 집, 돌아온 죽은 자의 이야기는 이게 꿈인지 생시인지 독자를 헷갈리게 만들었다. 말하자면 당시 환상문학 작가들은 과학의 새로운 앎으로 설명할 수 없는 것과, 기존의 믿음으로는 너무 잘 설명되는 것 사이에서 글을 썼던 것이다. 호프만은 동시대인인 괴테와 헤겔로부터 광인 취급을 받았는데, 광인의 환상을 쓰는 작가는 곧 광인이라는 논리였다. 그러나 호프만이 그리는 광기가 나 자신의 것일 수도 있다고 두려워했던 하이네는 "호프만은 그가 만든 기이한 인간들과 함께 이 세상 현실을 항상 단단히 붙들고 있다."라고 정확하게 비평한다. "시인은 현실의 땅에 발붙이고 있으면 힘세고 강하지만, 도취하여 파란 하늘에 떠돌아다니자마자 무력해진다." 호프만 역시 스스로가 미쳐 버릴까 봐 늘 겁냈다고 하는데, 나타나엘과 달리 그는 '죽을 때까지 살아 있는 것을 멈추지 않으며' 수많은 작품을 남겼다.

이렇듯 환상과 현실 사이를 오가는 것이 2020년 한국에서 무슨 의미일까? 노골적으로 말해, 독자들이 좋아할까? 이런 불안과 함께 《한편》 편집자들은 소설의 명가에서 일하는 편집장을 찾아갔다. 문학편집자 김영준은 '사실 잘 팔리지는 않는다, 하지만 간혹 잘 되기도 한다'는 신중한 답변을 주었다. 죽어 있던 해외 소설이 고전으로 부활한 경우인 브램 스토커의 『드라큘라』를 산증인으로 삼는 첫 번째 글 「환상을 팝니다」는 환상문학 애호가에게도, 지적 자본의 시대에 '보이지 않는 기획자'의 역할이 궁금한 독자에게도 흥미진진할 것이다. 이 글을 기준으로 《한편》 3호는 환상편과 현실편으로 나뉜다. 글 말미의 소름 돋는 이야기에 매혹된 독자라면 계속해서 가상의 세계로 들어가는 「「조커」, 억지웃음의 이미지」, 「판타지와 함께 살아남기」, 「어두운 사건들을 통과하기」와 「가상과 거짓의 철학」을 골라서 읽어도 좋다. 한편 현실이 더 급한 독자라면 포스트 코로나란 무엇인가, 기본소득 논의는 어디까지 왔는가, 인천국제공항 정규직 전환은 왜 그렇게 큰 분노를 불러일으켰는가, 북한과는 어떤 관계를 맺을 수 있는가, 장애인의 불평등 문제를 어떻게 해결할 것인가에 관한 생각을 먼저 확인할 수 있다. 「포스트 코로나라는 상상」에서 「기본소득, 이상 또는 공상」을 거쳐 「잔혹한 낙관에서 깨어나기」, 「북한 출신인 게 뭐 어때서?」, 「희망의 물리적 토대」로 이어진다.

인간적으로 살아남기

2019년 개봉한 영화 「조커」는 아서 플렉 또는 '조커'가 확신범인지 아니면 망상증자인지에 대한 판단을 흐려 놓는다. 한국에서

이 블록버스터를 둘러싼 논쟁은 '조커를 이해해야 한다'는 공감과 '조커는 범죄를 정당화한다'는 분노로 갈렸다. 영화평론가 이병현의 「「조커」, 억지웃음의 이미지」는 이러한 논쟁이 지나간 자리에서 쓰였다. 사람들은 기대와 의혹을 계속해서 집어넣지만 영화 「조커」는 그럴 만한 깊이가 없는 표면이라는 것인데, 그 자신이 영화에 빠져들다가 또 냉담해지곤 하는 양가적인 영화광의 비평이다. 반면 마루 밑의 작은 인간들, 예지력을 지닌 토끼, 괴물들이 사는 나라에 다녀온 맥스, 괴력의 삐삐와 초능력자 마틸다가 등장하는 이야기에는 곰곰 생각해 볼 거리가 풍부하다. 어린이문학평론가이자 동시인인 김유진은 방역을 위해 격리된 방 안에서 영화로도, 책으로도 만날 수 있는 판타지 어린이문학을 「판타지와 함께 살아남기」로 소개한다.

지금 언론 출판계의 주인공은 고강도의 사회적 거리 두기를 요구하는 신종 코로나 바이러스다. 코로나 이후는 지금과 같지 않을 것이라는 '포스트 코로나' 담론이 한창인 가운데, 과학편집자 맹미선은 「포스트 코로나라는 상상」에서 인문사회 분야의 관련 도서들을 리뷰한다. 인류가, 국가가, 개인이 뭔가를 해야 할 때라는 거대한 상상에 무리하게 응대하지 않되, 마스크를 쓰고 내가 할 일을 한다는 행동 수칙이 여기에서 수립된다. 또한 지난봄 대한민국 모든 국민에게 지급된 정부의 긴급재난지원금 정책 제안에 참여했던 경제학자 김공회는 「기본소득, 이상 또는 공상」에서 기본소득의 전제를 검토한다. 현재의 경제 위기에 대한 해법이라 간주되는 기본소득론에 관해, 분배가 아니라 생산의 관점에서 자본과 국가의 근본 전제를 비판하는 정치경제학이다.

바이러스와 현금의 곁에는 불안과 욕망이 있다. 독일어 번역가 임보라는 「어두운 사건들을 통과하기」에서 오스트리아의 소설가 토마스 베른하르트의 강렬한 한 편을 소개한다. 불안에 사로잡힌 한 인간은 자신만의 환상을 통해 행위로 뛰어든다. 어두운 시간, 꼼짝할 수 없는 시간에도 움직일 수 있는 계기는 그 사람 속에 있다. 고려대 철학연구소의 윤영광은 「가상과 거짓의 철학」에서 가상은 오류가 아니며, 인간이 살아 있는 한 요구할 수밖에 없는 빛과 같다고 명료하게 설명한다. 가짜 뉴스와 반계몽 시대에 진실을 찾자는 진부한 구호가 아니라, 거짓의 의미를 성찰하라는 니체의 목소리가 울려 퍼진다.

그리고 현실이 남는다. 베른하르트나 칸트가 뭐라고 한들 꿈쩍하지 않는 사회 현실을 어쩌겠는가? 교육학을 연구하는 박지원이 이른바 인국공 사태를 둘러싼 분노를 들여다보자, 교육이 약속한 꿈에 배반당한 부서진 마음이 보인다. 이러한 교육의 환상조차 신종 바이러스로 멈춘 지금, 교육 주체는 차라리 꿈에서 깨어나 체념하고 우울해할 수 있다고 「잔혹한 낙관에서 깨어나기」는 말한다. 한편 인류학을 통해 탈북민과 만난 계은진의 「북한 출신인 게 뭐 어때서?」에서는 현재에 대한 불안이야말로 남북한 청년세대의 공통분모라는 것을 확인할 수 있다. 타자 혐오의 핵심은 정체성의 혼란이라고 분석한 오스트리아의 철학자 이졸데 카림은 "사람들이 다양하고 다원화된 상태로 동등할 수 있는 중립적인 만남의 장소"(『나와 타자들』)를 만들자고 제안한 바 있다. 마찬가지로 함경북도 무산 출신 누구, 량강도 혜산 출신 누구과 직접 만나면 우리는 스스럼없이 이야기하고 공감할 수 있게 마련이다. 끝으로 장애인언론 비마이너의 편집장 강혜민은 『희망의 물리적 토대』에서 제도적·법적으로 열악한 장애인의 현실과, 작은 회사에서 번아웃을 겪는 자신의 현실을 펼쳐 놓는다. 장애인 운동의 일상이 힘든 것도 사실이고, 변화가 너무나 더딘 하루하루를 버티게 하는 힘이 희망인 것도 사실이다. 그 피로함과 성취감, 사랑과 절망의 기록은 슬라보예 지젝이 지적하듯 '성과 주체'(『피로 사회』)와는 다른 주체성을 보여 준다. "한 의료노동자가 초과근무 때문에 완전히 기진맥진할 때, 한 요양보호사가 벅찬 임무에 지쳐 버릴 때, 그들은 강박적으로 경력을 관리하는 사람들의 피로와는 다른 방식으로 지친다. 그들의 피로는 보람 있고 값지다."(『팬데믹 패닉』)

《한편》 3호를 준비하면서 우리는 아스트리드 린드그렌의 『미오, 나의 미오』를 낭독했다. 주인공 미오가 기사 카토를 물리치러 바깥쪽 나라로 떠나는데, 어려운 상황이 닥칠 때마다 친구 융융은 "우리가 이토록 작고 외롭지 않다면."이라고 되뇐다. 어둠을 헤쳐 나가는 동안 여덟 번이나 반복되는 이 말은 작고 외로운 어린이의 현실로 읽히지만, 소설 속에서는 미오 곁을 지키는 융융의 기도문이기도 하다. 환상에 관한 열 편의 글도 어려운 시절에 살아남는 이야기이자 다짐으로 읽히기를 바란다.

신새벽(편집자)

일러두기

[1] 저자의 주는 각주로 표시했고 참고 문헌은 권말에 모았다. 외래어 표기는 국
립국어원의 외래어 표기법을 따랐으며 일부 관례로 굳어진 것은 예외로 두었다.
[2] 단행본은 『 』로, 논문, 신문기사, 예술작품 등 개별 작품은 「 」로, 신문과 잡지
등 연속간행물은 〈 〉로 표시했다.

환상을
팝니다

서울에서 태어났다. 1992년 고려대 사학과를 졸업하고 열린책
들, SK텔레콤, 김영사, 을유문화사, 학고재에서 일했으며 현재
열린책들 편집이사다. 옮긴 책으로 체스터 브라운의 『너 좋아한
적 없어』가 있다.

김영준

[주요어] #환상문학 #세계문학전집 #기획자

[분류] 문학 > 비교문학

언젠가 엥겔스는 "정당의 명칭이 꼭 들어맞는 일은 없다."라고 한 적이 있다. 그는 사업가이기도 했으므로, 간판과 본업 사이에 필연적으로 괴리가 생기는 문제에 대해 현실적인 생각을 가지고 있었을 것이다. 이런 일은 역사가 오랜 출판사에서도 일어난다. 예컨대 일본의 환상문학 전문 출판사 국서간행회가 그런 경우이다.

이름 그대로 본래는 국학 자료 복각이 전문인 이곳은 '세계 환상문학 대계'(1975~1986)로 유명하다. 전환점은 이 총서의 기획자 두 사람이 이미 여러 군데에서 거절당한 뒤 출판사로 찾아온 날이다. 즉흥적으로 출간 승낙이 이루어졌고, 출간된 총서는 출판문화상을 받았다. 출판사는 그 뒤에도 보르헤스, 드 퀸시, 러브

크래프트, 렘, 우드하우스, 셀린의 작품집과 '세계 탐정 소설 전집', '독일 낭만파 전집' 등을 출간했다. 출간 목록을 일별하면 어떤 이해되는 취향이 그려진다. 이런 취향은 대개 한 나라의 여러 출판사들이 조금씩 역할을 나누어 실현하는 게 보통이다. 한 출판사가 총대를 메듯 자신의 영역으로 하는 경우가 흔치는 않다.

출판사에 처음 취직했을 때 책장에 그 세계 환상 문학 대계가 보였다. 목록과 내용 못지않게 인쇄와 제본의 높은 퀄리티에 경악했던 기억이 난다. 그 뒤 일본에 가면 서점에 들러 국서간행회의 책들을 훑어보곤 했다. 이쪽 업계인들이 다 마찬가지지만 제일 먼저 살펴보는 곳은 판권면이었는데(그렇다, 우리가 본업을 대하는 태도는 결코 정신적이지 않다.) 중쇄를 찍은 책이 잘 보이지 않았다. 한국 출판인들은 일본의 출판계와 그 독자들에 대해 약간의 환상을 품는 경우가 없지 않다. 그러나 아무리 기발하고 완성도 높은 출판물이라 해도 독서 대중과 만나는 데는 다 나름의 어려움이 있을 수밖에 없다. 중쇄를 찍는 경우가 드문 '이런 취향'의 책은 무엇 때문에 계속해서 간행되는 것일까?

김영준

환상문학이란 무엇인가,
그리고 얼마나 팔리는가

한국에서 환상문학 장르가 얼마나 팔려 왔는지를 통계적으로 확인하기는 어렵다. 여기에는 두 가지 문제가 있는데, 하나는 기본적인 출판 통계가 대체로 불비하다는 점이고,[1] 또 하나는 환상문학의 외연을 정하는 문제가 꽤 까다롭다는 점이다.

아쉬운 대로 일반적인 자료라도 참고하기로 한다. 『베스트셀러 30년』은 1981~2010년간의 한국 출판계를 다루고 있는데 여기 등장한 300권 중 초자연적인 현상에 관한 책은 세 권이다.[2]

———편집부, 『오싹오싹 공포체험』(대교출판, 1989)

[1] 근본적으로는 납본제 실시(1980) 이전의 출판 역사가 개인적 회고록의 영역, 즉 사실상 미지의 영역이라는 점을 거론해야 할 것이다. 통계의 기초가 될 실물 자료가 존재하지 않는다. 예컨대 1950~1970년대 출판물의 권말에 출간 예고된 책들이 정말 출간되었는지 확인하기란 매우 어려운 일이다. 이들은 실로 '환상의 책(幻の本)'이다.
[2] 한기호, 『베스트셀러 30년』(교보문고, 2011), 141~142, 188, 278~279쪽. 고른 책이 대표성을 갖지는 않지만, 다른 자료들도 크게 다른 결과를 보여 줄 것 같지는 않다.

——이우혁, 『퇴마록』(들녘, 1994)

——조앤 롤링, 『해리 포터와 마법사의 돌』(문학수첩, 1999)

첫째 책은 아동 눈높이에서 구성한 귀신 체험담이고 둘째 책은 힘을 합쳐 악령과 싸우는 사람들을 그린 소설이다. 셋째 책은 마법 학교 재학 중인 세 친구의 모험을 그린 세계적인 베스트셀러다.

이 책들은 환상문학에 속하지 않는다. "환상적인 것은 망설임의 시간만큼만 지속된다."라는 토도로프의 유명한 정의[3]를 따른다면 모두 '수용된 초자연'의

[3] 츠베탕 토도로프, 최애영 옮김, 『환상문학 서설』(일월서각, 2013), 87쪽. 그에 따르면 환상문학은 세 가지 조건이 충족되어야 한다. 첫째, 애매성. 사건이 초자연적인 것인지 다른 합리적인 설명이 가능한지 독자가 망설여야 한다. 둘째, 동일시. 독자는 망설이는 등장인물과 자신을 동일시해야 한다. 셋째, 축어성. 사건은 문자 그대로 받아들여지고 시적, 알레고리적 해석은 금지된다.(68~69쪽) 이 글에서는 토도로프의 기준을 따를 것이다. 그의 이론이 여전히 환상문학 논의의 기준이라는 점도 있고, 그를 따랐을 때 단순하고 편리해지는 점이 있기 때문이다. 그의 이론에 대해 꾸준하게 제기되는 반론 중 하나는 판타지라는 지배적인 장르가 제외됨으로써 환상문학의 영역이 지나치게 협소해졌다는 것인데, 스타니스와프 렘의 비판은 그 전형적인 경우이다. 렘과 문학 이론가들 사이에 벌어졌던 논쟁에 대해서는 Stanisław Lem, "Todorov's Fantastic Theory of Literature" in *Science Fiction Stud-*

세계인 '경이'에 속한다. 관점에 따라 첫째 책은 '환상적 경이'라고 볼 여지가 있을 것이다.[4] 이 책에 수록된 각 체험담에 초자연 현상을 곧바로 수용하지 못하고 망설이는 순간이 짧게라도 존재할 것이라고 가정할 수 있기 때문이다. 사실 환상적 경이는 대부분의 공포소설이 위치한 영역이기도 하다. 이에 따라 한 세대 동안의 한국 독자의 선호에 대한 가설을 세워볼 수 있다. (1) 초자연적인 이야기가 도서 시장에서 차지하는 비중은 1퍼센트로 아주 작다. (2) 그 작은 비중의 대부분을 차지하는 것은 판타지(경이)이다. (3) 나머지는 공포소설(환상적 경이)의 몫이다. 이미 문학사적으로 소멸한[5] 장르로서의 '환상문학'을 베스트셀러 목록에서 마주칠 가능성은 별로 없다.

ies, Fall 1974와 Various, "On Lem on Todorov" in *Science Fiction Studies*, July 1975 참조.

[4] 토도로프는 환상문학이 기이(étrange/unheimlich/uncanny)와 경이(merveilleux/wunderbar/marvelous) 사이에 그어진 선이라고 보기 때문에, 애매함이 해소되는 순간 이야기는 양옆 어느 한쪽(환상적 기이/환상적 경이)에 속하게 된다. 단 끝까지 애매함을 유지해서 경계 위에 버티고 있는 희귀한 경우가 둘 있다. 헨리 제임스의 『나사의 회전』과 메리메의 「일르의 비너스」인데, 토도로프는 이 둘을 "순수 환상소설"이라고 부른다.(토도로프, 같은 책, 92~93쪽)

[5] 환상문학은 19세기 중반 추리소설의 출현으로 일부 대체된다.(같

죽어 있던 「드라큘라」가
세계문학전집으로 부활하기까지

이 원고를 의뢰한 편집자는 아마 몰랐을 거라 생각되고 나조차 한동안 잊고 있던 사실인데, 나는 환상문학을 기획하는 것으로 편집 일을 시작했다. 출판사 신입일 때 기획한 첫 책이 브램 스토커의 『드라큘라』였으니 말이다. 그러나 환상문학을 소개하겠다는 야심이 있었던 것은 아니다. 단지 프랜시스 포드 코폴라의 영화 「브램 스토커의 드라큘라」(1992)가 제작 중이었고, 국내 개봉은 거의 확실해 보였기 때문에 바로 그 책을 내면 잘 팔리지 않을까 생각했을 뿐이다.

『드라큘라』는 그해에 서둘러 출간되었다. 이 책의 의미는 국내 최초 완역본인 점과, 탁월한 번역가 이세욱의 데뷔작이라는 점일 것이다. 책은 그다지 팔리지

은 책, 102쪽) 추리소설은 "완전히 불가해한 사건의 완전히 합리적 해명"을 목표로 하는 장르로 태어났는데, 이는 전에 환상문학 안에 있던 영역이었다. 그러나 환상문학의 완전한 죽음은 정신분석이 출현하면서부터다. 19세기 실증주의 세계관을 전제로 억압된 욕망을 전시하는 노릇을 했던 악마와 흡혈귀는 정신분석 이후 존재할 필요가 없어진다.(같은 책, 309쪽)

김영준

않았다. 출고한 지 한 달이 못 되어 별 반응이 없는 것이 분명해졌다. 1년 뒤 코폴라의 영화가 들어왔을 때 극장 앞에 매대를 설치하는 등 노력했지만 팔리지 않았다. 이때 나는 출판사에 없었고, 남은 책들 대부분을 폐기 처분했다고 들었다.

1992년은 애매한 해였다. 지금 회고해 보면 그때 『드라큘라』는 마지막 비평적 그늘을 통과하는 중이었던 것 같다. 『드라큘라』는 공식적으로 정전(正典)이 되는 순간이 눈에 보이는 책이다. 그 시점은 출간 100주년인 1997년이다. 그해 영미 매체에서 온갖 떠들썩한 특집이 나오는 가운데 『노턴 비평판 드라큘라』가 나왔다. 펭귄 클래식에는 두 해 전에 포함된 상태였다. 『드라큘라』가 정전으로 인정받는 데 어려움이 있었다고 생각되지 않는다. 이미 너무 유명했고 그 사실 자체가 숙고해 볼 만한 주제였기 때문이다. 갑자기 사람들은 이 소설에 대해 할 얘기가 너무 많음을 깨달았던 것 같다.(여성성, 동성애, 자본주의, 식민주의 등등) 마치 오랜 친구의 때늦은 회원 가입을 모두 따뜻하게 환영하는 듯한 분위기가 만들어졌다. 이제 한국으로 돌아가 보자. 7년 넘게 절판 상태이던 국역본이 2000년에 재출간되었다. 이번에는 고전이라는 점이 강조되었다. 그건 사실이기도 했다. 이후 『드라큘라』는 20년간 30쇄를 더 찍게 된다.

출판업계에는 죽어 있던 책이 몇 년 뒤 운 좋게 부활하는 이야기들이 꽤 있다. 대개 출판사나 번역자, 제목 중 하나 이상이 바뀌거나, 영화화되어 주목받는 방식이다. 그러나 모두가 가만있는 가운데, 더구나 영화 찬스는 이미 써 버린 뒤에 원작에 대한 비평적 시각이 변화했다는 이유만으로 살아나는 경우는 그리 많지 않다.

팔리지 않는 소설을 파는
보이지 않는 기획자

'바벨의 도서관'(바다출판사, 2010~2012)이나 '이삭줍기 환상문학 시리즈'(열림원, 2019~) 등 상당수가 정전으로 이루어진 최근의 환상문학 시리즈를 제외하면, 국내에서 비정전적 환상문학(그렇다, 『드라큘라』는 여기서 졸업하고 만 것이다.)을 출간한 시도로는 이런 것들이 있었다.

──『모빠상 괴기소설』(장원, 1995)

——『유령 이야기』(책세상, 1998)

——『세계 공포문학 걸작선』(황금가지, 2003)

——『세계 괴기소설 걸작선』(자유문학사, 2004)

——『세계 호러 걸작선』(책세상, 2004)

    소수의 독자들을 겨냥하고, 실제로 그 사실을 재확인하지만, 실망하지 않고 계속되는 시도가 이것만은 아닐 것이다. 이런 시도들이 계속되고 있는 것은 환상문학이라는 영역(corpus)의 총량이 대략 몇십 권 정도에 불과하고, 전체가 파악되고 있다는 느낌을 기획자들에게 주기 때문이 아닐까 하는 생각이 든다. 상업성이 없다는 것은 환상문학의 가장 큰 비밀의 하나다. 왜 상업성이 없을까? 앞에서 '문학사적으로 소멸한 장르'라는 말을 썼는데, 그 실질적인 의미는 '무섭지 않다'이다. 그것은 독자들의 독후감에서 쉽게 확인된다. 왜 무섭지 않을까? 100년, 200년 전 독자에게 통하던 기법이 지금 효력을 발휘할 리가 없지 않은가. 거기에서 사용된 클리셰들, 예를 들어 '신뢰할 수 없는 서술자'는 지금 책을 읽지 않는 사람도 영화 등을 통해서 훤히 알고 있을 정도이다. 환상문학이 고전 총서류에 포함되면 단행본으로 냈을 때보다 더 팔리는 수수께끼는 복잡한 것이 아니다. 19세기 유령 이야기가 상업적 자립성이 없기 때문에 벌어진 일이다.

환상문학 기획자 앞에 놓인 판매라는 과제는 이중적이다. 출간된 책의 판매를 궁리하기에 앞시시 출간 자체가 가능해야 한다. 회사가 자신의 기획을 사 줘야 하는 것이다. 사실 나로서도 그들이 어떻게 이 과정을 통과했는지 궁금하고 당사자의 노하우를 들어보고 싶다. 그러나 난처하게도 나는 지금 자격과 무관하게 뭔가 실질적인 요령을 제시할 것을 요구받게 된 것 같다.

기획자가 자기가 좋아하는 환상문학 책을 회사의 기획회의에 제안한다. 그러면 회의 참석자들(간부에서 말단까지)은 다른 할 말은 떠오르지 않더라도 미미한 상업성 문제에 대해서만큼은 돌아가면서 한마디씩 할 수 있다고 생각하게 된다. 95퍼센트 이상의 확률로 기획은 기각된다. 개인적 선호에서 출발한 기획이었다는 게 약점도 아니고(아무도 신경 쓰지 않는다.), 이런 분야가 생소하리라는 것도 문제는 아니다. 이런 식의 회의가 보수적인 판단을 내리는 데 적합한 구조로 되어 있을 뿐이다. 비슷한 취향을 가지고 있는 동료라고 해서 기획에 찬동해 주리라고 기대하기는 힘든 일이다.

내 경험에 비추어 보면, 이런 까다로운 경우 정면 승부보다는 기존에 확정된 기획에 슬쩍 올라타는 방식이 언제나 훨씬 쉬웠던 것 같다. 물론 이런 '편승 전략'이 아무 때나 가능하지는 않다. 큰 위화감이 없는 편승 대상이 나타나려면 오래 기다리기도 해야 할 것이다. 이런 책을 탑승시켜도 괜찮은 거냐는 물음이 나온다면, 요령 있는 답도 할 수 있어야 할 것이다. 편승이 가능해 보인다고 과욕스러운 탑승 리스트를 만드는 건 어리석다. 리스트가 회의에 부쳐져 검토되는 것은 편승 전략을 원점에 돌리는 일이니까. 당신이 정말로 그 책을 내고 싶다면 회의를 최대한 건너뛸 방법을 궁리해야 한다. 여기에서 주의할 것은, 기존 기획의 편승이든 확장이든 회사의 방침을 실현하는 형식을 취하는 것이 기본이라는 점이다. 기획자는 회사에 본인의 제안을 제출하기도 하지만 회사의 방침을 이해하고 구체화하는 역할도 맡게 된다. 그때마다 편승에 충분한 만큼의 재량이 주어질지는 물론 알 수 없다. 이 문제는 대개 운에 달려 있다.

나는 홍보의 효율 면에서도 편승 전략이 유리하다

고 생각하는 편이다. 예컨대 어떤 책을 고전 총서에 넣고 나면 이 책이 얼마나 고전적인 작품인지 장황히 말할 필요는 적어지는 것이다. 우리는 원칙적으로 홍보에 두 가지 차원, 즉 받는 이가 예상 가능한 정보와 예상 가능하지 않은 정보가 같이 있어야 한다는 것을 안다. 하지만 실제로 독자의 선입견을 넘어서는 정보를 집어넣을 공간을 찾기는 쉽지 않다. 진부한 말 한두 마디를 뺄 수 있다는 건 한두 마디의 다른 이야기를 넣을 드문 기회가 생겼다는 뜻이다. 이때 장르에 대한 새로운 관점이 있다면 소개하는 것이 좋을 것이다. 환상문학의 경우 정치적인 재평가 시도가 1970년대 말부터 나타났는데,[6] 이에 대해 언급하는 게 홍보에 도움이 되지 않을 리가 없다. 필요하다면 연구자에게 글을 쓰게 해서 보도 자료에 붙이거나 매체에 게재할 수도 있을 것이다. "한 장르에 정치성을 불어넣어 젊은 세대에게 참신한 것으로 만드는 일"[7]은 결국 판매에 도움이

[6] 환상문학 장르 전체를 '전복적인 문학'이라고 규정한 로즈메리 잭슨의 시도가 그런 것이겠다. 서강여성문학연구회 옮김, 『환상성』(문학동네, 2001) 참조.
[7] 줄리언 시먼스가 에릭 앰블러의 초기 스릴러에 대해 했던 말. 김명남 옮김, 『블러디 머더』(을유문화사, 2012), 346쪽. 사실 나는 독자로

된다는 것을 업계인은 알게 된다. 스스로가 그런 의미 부여에 동의하는가와는 무관하게 말이다.

사실 출판은 각 출판물들이 그보다 큰 단위의 이미지에 기여하고, 브랜드 이미지가 그보다 작은 단위의 판매에 기여하도록 하는 게 이상적이다. 단권, 총서, 브랜드의 상호 기여라는 점에서 출판 홍보는 애초에 편승의 원리가 지배하는 곳이라고 볼 수도 있겠다.

대도시의 뒷골목,
한 조촐한 극장에서 일어난 일

결국 우리는 환상문학을 파는 방법은 고전 총서에 적당히 편승하는 것이라는 결론에 이르렀다.[8] 앞에서

서 앰블러에 오랫동안 집착해 왔다. 그러나 그를 출간 기획에 올리겠다는 생각까지 한 적은 없었다. 2년 전 회사의 고전 총서에 '각 분야의 대표작'들을 보충하라는 오너의 지시를 받았을 때 '스파이 소설의 최고 걸작'인 『디미트리오스의 가면』을 출간할 수 있겠다는 생각이 떠올랐다. 이것은 내가 경험한 편승의 가장 순수한 사례지만, 앰블러의 신선도가 유지되지 않았다면 좀 더 복잡한 과정이 되었을 가능성이 있다.
[8] 그렇다면 고전 총서는 어디에 편승하고 있느냐고 물어볼 수도 있을 텐데, 이것은 연쇄적으로 더 커다란 주제를 불러들이는 방아쇠처럼 보이기 때문에 언급을 생략하기로 한다. 출판은 어디에 편승하고 있을까, 독자는 어디에 편승하고 싶은 것일까 등등.

보이지 않는
손이 있다면,
보이지 않는
기획자도 있다.

김영준

유능한 그는 '편승'을
눈에 띄게 하지는
않을 것이다. 그가 행하는
편승은 결코 편승으로
보이지도 않을 것이고
그의 제안은
아무런 수상한 느낌 없이
받아들여질 것이다…….

나는 편승의 성패가 운과 몇 가지 처세적 요령에 달려 있다는 점을 너무 강조했는지 모르겠다. 일반적인 이야기로는 맞지만, 여기에서 기획자의 능동적 기여를 생략할 수는 없다. 사실 편승이라는 말 자체가 또 다른 기획자에 의한 간섭을 뜻하는 것이니 말이다. 기획자는 자신이 제안할 수 있는 다수의 목록을 가지고 있어야 할 것이고, 기존의 기획을 편승에 적합한 것으로 변형해 볼 수 있는 약간의 상상력도 있어야 할 것이다. 책을 내기 위해 필요한 절충의 범위도 헤아릴 수 있어야 한다. 물론 편승 자체가 절충이기는 하지만 말이다.

보이지 않는 손이 있다면, 보이지 않는 기획자도 있다. 한 명의 이상적인 기획자를 가정해 보자. 유능한 그는 '편승'을 우리처럼 눈에 띄게 하지는 않을 것이다. 그가 행하는 편승은 결코 편승으로 보이지도 않을 것이고 그의 제안은 아무런 수상한 느낌 없이 받아들여질 것이다⋯⋯. 이 공상의 좋은 점은 우리가 그 완벽한 편승의 결과물을 제시할 필요가 없으리라는 점(왜냐하면 알아차릴 수 없는 것이므로)과, 그 미지의 결과물들의 수가 어쩌면 헤아릴 수 없이 많을지 모른다는 데서 오는 신비스러운 만족감이다. 마지막으로 소개할 환상소

김영준

설은 어떤 알 수 없는 과정을 거쳐 독자의 손에 들어온 작품의 한 예다.

「에지웨어로 뒷골목의 조촐한 극장」(1939)은 영국의 소설가 그레이엄 그린이 남긴 아마 단 한 편의 환상소설이다. 그의 작품 중 한국어로 번역된 순으로는 가장 앞쪽에 있는 것이기도 하다. 1962년 을유문화사가 세계문학전집의 한 권을 그린에 할애했는데,『권력과 영광』과『밀사』외에 이 작품 포함 단편 넷이 추가되었던 것이다. 번역자 황찬호는 1970년대까지 한국의 대표적인 그린 전문가였다. 그가 번역에 사용한 단편집은『21개의 단편』(1954)이었을 텐데, 어떻게 해서 그중 자주 언급되지도 않는 이 작품을 넣을 생각을 했는지는 알 길이 없다. 당시 그와 편집진에게 환상문학이라는 의식이 있었을지도 의문이다. 그러나 아무도 의도하지 않은 것 같아 보이는 때가 '보이지 않는 기획자'가 얼핏 존재를 드러내는 순간인 것이다. 보르헤스는 이 단편을 꽤 마음에 들어해서 자신이 편찬한 두 권짜리 미스터리 걸작집(1956)에 집어넣었다.

대영 박물관 열람실을 나와 저녁 거리를 쏘다니던 한 사람이 영화관에 간다. 가고 싶은 곳은 따로 있지만, 돈은 없고 비는 피해야 했기 때문이다. 그가 들어선 꾀죄죄한 극장은 무성영화 전용관을 표방하고 있다. 즉 '고급문화도 아니고 싸구려에다가 임시적이고 욕구 불만에 가득 찬 어떤 시대착오적 오락'이 이미 문제가 되고 있는 것이다. 거의 손님이 없는데, 영화에서 자살 장면이 나오자 옆자리에 앉은 사내가 말을 건다. 아니 대놓고 귀에다 속삭인다. "엉터리네. 상상할 수도 없을 만큼 피가 많이 나오는데." "뭐가요?" "사람을 죽이면." "저건 살인이 아닌데요." "나도 알아." "뭘 안다는 거죠?" "저런…… 것을." 사내는 혼잣말로 뭔가 불길하고 낯익은 거리 이름을 중얼거리다 나간다. 불이 들어오고 사내가 앉았던 곳 스쳤던 곳 모두가 피투성이다. 최근 뉴스에 난 살인 사건이 뇌리에 스친 주인공은 달려 나가 경찰에 전화를 건다. 틀림없다. 옆자리에 앉아 있던 자는 살인범이다……. 흥미롭게 듣고 있던 경찰이 대꾸하는 소리가 전화기에서 들려온다. "아니요. 범인은 잡았습니다……. 없어진 것은 시체뿐입니다."

김영준

포스트
코로나라는 상상

서울대 과학사 및 과학철학 협동과정에서 「알파고 쇼크와 '4차 산업혁명' 담론의 확산: 과학 기술 유행어(Buzzword)의 수사적 기능 분석을 중심으로」로 석사 학위를 받았다. 의학 전문지 기자로 근무했으며 현재 온라인 지식백과 '지독'의 과학 기술 콘텐츠를 개발하는 편집자로 일하고 있다. 과학 기술과 인문학의 접점을 찾아 분석하는 글을 쓴다.

맹미션

[주요어] #코로나19 #K-방역 #행동수칙
[분류] 과학기술학 > 도서비평

신종 코로나 바이러스(이하 코로나19)가 전 세계를 덮친 후, 코로나19의 원인과 대책을 분석하는 담론이 곳곳에서 쏟아져 나왔다. 코로나19 이후를 뜻하는 '포스트 코로나'는 이러한 분위기 속에서 유행을 탄 신조어다. 코로나19는 21세기를 맞이한 인류에게 유례없는 경험을 선사했다. 그런데 포스트 코로나를 위시한 여러 글에 공연히 등장하는 "인류는 결코 코로나 이전의 삶으로 돌아갈 수 없다."라는 선언은 어떤 의미를 지닐까?

흔히 유행어는 실체라기보다 그저 막연한 느낌과 가치만을 전하는 무가치한 말로 여겨지곤 한다. 하지만 유행어는 오히려 그 모호함이라는 특성으로 각기 다른 목적을 띤 사람들을 같은 논의에 참여하도록 이끈다.[1] '4차 산업 혁명'이라는 신조어에 정·재계는 물론 노동과 교육 분야에서 제각기 다른 논의의 틀과 해석을 내놓았던 것을 떠올려 보자.

유행어의 영향력은 더 많은 사람이 유행어에 관한 담론을 덧붙일수록 커진다. 나는 포스트 코로나라는 유행어가 2020년 4월 전후로 발표된 국가 정책, 언론 기획, 대중서에서 어떻게 다루어지고 있는지에 주목했다. 이를 위해 한국 사회에서 포스트 코로나가 급부상한 시기를 확인하고, 코로나19 팬데믹(대유행)이 우리 일상을 근본적으로 변화시키리라는 상상이 논의되는 맥락을 인류·국가·개인 차원에서 살펴보았다. 그리고 이를 통해 나를 포함한 독자 대중의 행동 수칙을 점검해 보고자 했다.

[1] Bensaude-Vincent Bernadette(2014), "The Politics of Buzzwords at the Interface of Technoscience, Market and Socitey: The Case of 'Public Engagement in Science'", *PUS* 23, SAGE, pp. 246~248.

4월,
'포스트 코로나' 부상하다

대구·경북 지역을 중심으로 국내 감염 사례가 폭증했던 지난 2월, 코로나19는 현실 그 자체였다. 인간의 눈에 직접 포착되지 않는 작디작은 바이러스는 발열 증세, 검사 결과지, 확진자와의 접촉 경험 등 간접적인 형태로 존재감을 드러냈다. 당시 코로나19 팬데믹을 다루는 글은 실시간으로 갱신된 과학적·의학적 사실을 전달하거나 방역 현장의 혼란과 어려움을 전달하는 데 치중됐다.

3월 말까지만 하더라도 포스트 코로나라는 단어는 일부 경제지에서 언급될 뿐이었다. 이들 경제지의 주된 논조는 팬데믹 이후 장기적인 경제 침체 위기에 대비해야 한다는 것이다. 그러던 중 과학기술정보통신부·기획재정부·산업부 등 기업과 소통이 많은 정부 부처의 공식 자료에 포스트 코로나가 언급되기 시작했다. 가령 과학기술정보통신부는 3월 30일 "과학기술계 애로사항 및 포스트(Post) 코로나를 대비하는 대응방안에 대한 의견"을 주고받는 간담회를 주최하는데,

해당 간담회를 소개하는 한 기사는 포스트 코로나라는 단어에 친숙하지 않은 독자를 위해 부연 설명을 제공하기도 했다.[2]

초기에 "원격, 화상과 같은 비대면 산업 육성"[3] 문제와 짝으로 언급되었던 포스트 코로나는 4월 중순 문재인 대통령의 공식 발언에 처음 거론된 이후 거의 모든 대통령 담화문의 필수 키워드로 등장하기 시작한다. 특정 단어의 검색 동향을 확인할 수 있는 구글 트렌드에서 지난 1년 사이 '포스트 코로나', '코로나 이후'의 검색 빈도를 조사하면, 두 단어가 2020년 1~3월 사이 드문드문 검색되다가 4월을 기점으로 검색량이 폭증하는 것을 확인할 수 있다.[4] 언론을 타고 퍼진 정부

[2] 과학기술정보통신부 보도자료, 「최기영 장관, 과학기술계 기관장 간담회 개최」, 2020년 3월 30일. 한 간담회 보도 기사는 '포스트 코로나19'를 '코로나19 팬데믹 이후의 상황'으로 풀어 쓰면서 "'포스트 코로나19란 코로나19의 종식을 말한다기보다는 코로나19로 인해 위축된 R&D 생태계 전반을 의미한다."라는 과기정통부의 설명을 인용했다. 황준호, 「최기영 장관 "포스트 코로나19, 대비하라"」, 《아시아경제》 2020년 3월 30일 자.
[3] 기획재정부 보도자료, 「제13차 코로나19 대응 경제 관계 장관 회의 겸 제3차 위기관리 대책 회의 개최」, 2020년 4월 1일.
[4] 전 세계적으로는 post-corona보다 post-pandemic이라는 단어의 검색 빈도가 더 높다. 다만 post-pandemic의 검색량이 늘어난

의 목소리가 이러한 경향을 강화했으리라 추측된다.

코로나19 이후,
인류는 어디로 가야 하는가

인문사회 분야 베스트셀러 『코로나 사피엔스』, 『오늘
부터의 세계』[5] 등에서 포스트 코로나 시대를 분석하
는 학자와 지식인 들은 코로나19가 인류에게 아주 특
별하고, 광범위하며, 오랜 기간 영향을 미칠 위기 상황
을 가져왔다는 전제에서 논의를 시작한다. 코로나19
가 지닌 고유한 특성은 이러한 판단의 중요한 근거로
작용한다. 이번 신종 바이러스의 가장 큰 특징은 전파
력이 유독 높다는 점이다. 게다가 RNA 바이러스로서
변이가 빠르게 일어나고 감염자에게 항체 흔적을 남
기는 비율이 낮다. 치료제와 백신 개발, 집단 면역 등

시기는 한국에서 '포스트 코로나' 검색량이 늘어난 시기와 비슷하다. 구
글 트렌드(http://trends.google.com).
[5] 『코로나 사피엔스』, 『오늘부터의 세계』는 각각 'CBS 시사자키 정
관용입니다'의 코너 '코로나19, 신인류시대', 《경향신문》의 연재 '7인의
석학에게 미래를 묻다'를 묶은 단행본이다. 포스트 코로나는 이들 단행본
의 핵심 카피 문구로 적극 활용된다.

보편적인 감염병 대응이 어려운 만큼 이번 팬데믹의 여파가 쉽사리 가라앉기 어렵다는 것이 대다수의 진단이다.

그런데 이들 전문가는 바이러스 고유의 특징과 별개로 전 지구적 위기가 찾아올 가능성이 줄곧 존재해 왔다는 점을 강조한다. 인간의 무절제한 개발 행위는 야생 동물을 본래 서식지에서 몰아냈다. 박쥐가 우리에게 바이러스를 배달한 것이 아니라 "우리가 박쥐를 잘못 건드"렸다는 것이다.[6] 또한 효율성을 최상의 가치로 내세우는 신자유주의는 "효율성을 높이려고 모든 위험 부담을 약자에게 지"워 왔다. 긱 이코노미(gig economy, 시장 변화로 비정규 노동이 확산되는 경제 현상)가 횡행하는 나라의 비정규 노동자는 아파도 병가를 쓰기 어렵다. 노동 구조가 취약한 곳을 중심으로 집단 감염이 이어지며 복지가 취약한 '후방' 국가의 피해가 걷잡을 수 없이 커졌다.[7]

[6] 정관용 외, 「'생태와 인간' 최재천: "바이러스 3~5년마다 창궐한다」, 『코로나 사피엔스』(인플루엔셜, 2020), 25쪽.
[7] 안희경 외, 「장하준: 왜 우리는 마이너스 성장을 두려워하는가」, 『오늘부터의 세계』(메디치미디어, 2020), 89쪽.

생태 위기와 신자유주의의 모순을 지적하는 논의에서 코로나19 팬데믹은 이전과 다른 획기적 변화를 인류 차원에서 꾀할 수 있는 계기로 부각된다. 인간과 자연이 상생하는 생태 시스템을 구축해야 한다는 요청, 빈부 차이를 막론하고 모든 사람을 안전하게 지키는 시스템이 필요하다는 주장은 코로나19 이전에 실현 가능성이 낮은 상상이었다. 하지만 미래학자는 "기후 변화로 생긴 모든 결과가 팬데믹을 만"들었음을,[8] 사회역학자는 "경제적 불평등 정도, 빈곤, 교육 수준 격차, 그리고 차별과 편견이 얼마나 강한가 등에 따라 국민의 건강 상태가 결정"[9]됨을 우리가 모르지 않았다고 말한다.

전문가들은 포스트 코로나 시대를 살아가는 사람들이 이번에야말로 자기 자신을 포함한 전 인류에게 진정 중요한 것이 무엇인지를 판단해 변화를 꾀하리라고 역설한다. 자연과 약자를 간과하는 현 체제를 유지하는 한 인간종의 미래를 담보할 수 없기 때문이다. 인류의 반성을 촉구하는 포스트 코로나 담론은 '공존'과

[8] 앞의 책, 19~20쪽.
[9] 위의 책, 149쪽.

'상생'을 주축으로 한 기존 담론이 코로나19를 계기로 변화의 동력을 얻게 된 데 가깝다.

> 정관용 우리가 (그동안 참아 왔던 소비 욕구를) 어떻게 자제해야 할까요?
>
> 홍기빈 제 생각에 우선 경제가 그렇게 쉽게 회복되지는 않을 것 같습니다. 지금 경제가 어떤 막다른 골목에 와 있는 상황을 잘 활용해서 새로운 담론과 운동을 강하게 일으켜야 합니다. 무한한 경제 성장이 아닌 인간과 자연과 사회 모두가 좋은 삶. 이러한 방향으로 경제를 전환하자는 거지요.
>
> 정관용 그런데 지식인들이 사람과 사회와 자연을 조화롭게 하는 경제를 아무리 주장해도 안 먹히지 않나요?
>
> 홍기빈 이번에는 먹힐 거라고 생각합니다.[10]

---

[10] 정관용 외, 위의 책, 「'새로운 체제' 홍기빈: "지구 자본주의 떠받들던 4개의 기둥 모두 무너져"」, 122~124쪽.

K-방역 정신으로
국난 극복해야

경제 불평등과 생태 위기를 지적하는 전문가 논의와 달리 정부가 묘사하는 포스트 코로나 시대는 1990년대 말 금 모으기 운동 시기를 방불케 하는 국난 극복의 내러티브로 전개된다. 21대 총선을 하루 앞둔 4월 14일, 문재인 대통령은 국무회의 모두 발언에서 코로나19가 일으킨 전대미문의 경제 위기로 세계 질서가 재편될 것이라며 "포스트 코로나 시대를 제일 먼저 준비하고 맞이하는 대한민국을 만드는 일에 국민들께서 한마음이 되어 주시길" 요청했다.[11]

문 대통령 취임 3주년 특별 연설, 제21대 국회 개원 연설 등 주요 대통령 담화문은 포스트 코로나 시대를 서술할 때 '1920년대 세계 대공황 이후 최악의 경제 침체'라는 IMF의 진단을 빌려온다. 모든 국민이 신종 바이러스의 위협에 안심할 수 있는 상황은 아니지만

[11] 청와대 대통령의 말과 글, 「국무회의(영상) 모두발언」, 2020년 4월 14일(https://www1.president.go.kr/articles/8483).

"방역이 먹고사는 문제까지 해결해 주지 않"[12]기에 일상 복귀를 서둘러야 한다. 전 세계의 연대가 끊어진 각자도생의 시기를 잘 대처하지 못한다면 한국은 "영원한 2등 국가로 남게 될"[13] 것이다. 다행히 우리나라에는 세계 최고 수준의 보건 의료 체계와 성숙한 역량을 갖춘 국민이 있다. 미래 먹거리를 구축해 "포스트 코로나 시대를 선도하는 나라"가 된다면 한국은 "세계의 변방이 아니라 세계의 중심"에 위치하는 국가로 새 역사를 써 나갈 수 있다.[14]

포스트 코로나 시대의 약자를 위한 연대와 협력의 정신은 'K-방역'의 성공으로 이미 증명됐다.[15] 도래

[12] 청와대 대통령의 말과 글, 「문재인 대통령 취임 3주년 특별 연설」, 2020년 5월 10일(https://www1.president.go.kr/articles/8606).

[13] 청와대 대통령의 말과 글, 「한국판 뉴딜 국민 보고 대회 기조 연설」, 2020년 7월 14일(https://www1.president.go.kr/articles/8874).

[14] 청와대 대통령의 말과 글, 「21대 국회 개원 연설」, 2020년 7월 16일(https://www1.president.go.kr/articles/8886).

[15] "우리가 억압 속에서 지켜낸 민주주의, 우리가 눈물 속에서 슬픔을 나누며 지켜온 연대와 협력이 함께 어려움을 겪고 있는 세계의 모범이 되고 있다는 사실이 매우 자랑스럽습니다." 청와대 대통령의 말과 글, 「제60주년 4·19혁명 기념식 기념사」, 2020년 4월 19일(https://www1.president.go.kr/articles/8510).

할 위기를 극복할 해결책은 '디지털'과 '그린'이라는 두 키워드를 내세운 새로운 일자리 정책, 통칭 한국판 뉴딜 정책에 있다. 그러나 인공지능 정부, 데이터 댐, 스마트 의료, 그린 스마트 스쿨, 친환경 에너지 등으로 대표되는 포스트 코로나 시대의 국정 과제는 2016년 이후 등장한 4차 산업 혁명 담론과 큰 차이를 보이지 않는다.

'코로나로 멈춘 나'는 어디로 가는가

한편 포스트 코로나는 4차 산업 혁명이라는 유행어와 마찬가지로 다가올 미래 모습을 궁금해하는 이들을 위한 좋은 글감으로 활용된다. 트렌드 분석·자기계발 분야의 베스트셀러에서 포스트 코로나 시대는 원격 근무, 자율주행차, 빅데이터를 활용한 의료·교육 분야의 맞춤 서비스가 방역을 위해 보다 강화되는 비대면 기술 중심 사회로 그려진다.

트렌드 분석서 『언컨택트』의 저자 김용섭이 보기에 비대면 기술이 도입된 사회는 개개인의 선택의 자유와 만족도를 높여준다는 점에서 긍정적이다. 좀 더 안전하고 편리하게, 선택적으로 연결되어 살아가고픈 욕망은 인류의 오랜 본능이기에,[16] 비대면 기술 중심 사회로의 변화는 익히 최신 트렌드로 자리매김하고 있었다. 이 시점에 코로나19가 등장했다. 이번 팬데믹은 물리적 거리 두기를 하는 사람들이 비대면 기술의 편리를 경험하도록 해 주었다. 이 책이 그리는 포스트 코로나 사회에서 한번 좋은 것을 경험한 개인·기업·공동체는 결코 예전 방식으로 돌아오지 못한다. 독자들은 이미 시작된 변화의 물결 속에 계속 질문하고 답을 찾아가기를 요구받는다.[17]

코로나 이후의 삶에 적극 대응해야 한다는 메시지는 지난 7월 출간되어 15만 부에 달하는 판매고를 올린 베스트셀러 『김미경의 리부트』에서 더욱 극적으로 그려진다. 저자 김미경은 생태학자 최재천 교수를 만난 후 "안타깝지만 아무리 참고 기다려도 코로나 이전으로는 못 돌아가요."[18]라고 단언하는데, 이는 강연 수

[16] 김용섭, 『언컨택트: 더 많은 연결을 위한 새로운 시대 진화 코드』 (퍼블리온, 2020), 8쪽.
[17] 위의 책, 299쪽.

익이 0이 된 저자가 직면한 개인적 위기와 겹쳐진다. 지금부터는 "살아가는 공식, 돈 버는 공식이 완전히 다른 세상"이 펼쳐진다.[19] 그런데 독자들은 피해를 입은 대상이 아닌 "피해를 해결하는 주체"라고 관점만 바꿔도[20] 언제든 도약의 기회를 마련할 수 있기에 이때의 포스트 코로나 시대란 다분히 희망적이다.

신기술의 이점을 말하는 담론이 힘을 얻을수록 비대면 기술 중심 사회로의 전환 속도는 더욱 빨라진다. 개개인의 자유 의지를 강조하는 자기계발 담론에서 개개인은 좋든 싫든 그 메가트렌드에 주체적으로 반응하지 않으면 안 된다. 그러한 주체야말로 팬데믹 위기에 처한 나를 되살릴 수 있다. 자기계발서는 가족도 친구도 해 주지 않는 진심 어린 말로 독자를 보듬는다. 나는 '못 하는' 사람이 아니라 '안 하는' 사람이었을 뿐, 언제든 상황을 능동적으로 해결할 능력이 있다고 끊임없이 외친다. 때로는 다정하게, 때로는 단호하게 제시되는

---

[18] 김미경, 『김미경의 리부트: 코로나로 멈춘 나를 다시 일으켜 세우는 법』(웅진지식하우스, 2020), 27쪽.
[19] 위의 책, 8쪽.
[20] 위의 책, 59쪽.

성공 공식만 읽어도 마음의 위로가 찾아온다. 이처럼 나와 나의 주체성만이 살아 숨 쉬는 포스트 코로나 시대에서는 각자도생 이상의 전략을 찾아보기 어렵다.

그래서……
포스트 코로나가 어쨌다고?

저마다 다르게 그려지는 미래 예측 속에서 신종 바이러스, 생태 위기, 신자유주의, 세계화, 비대면 기술은 주인공이 되기도 하고 조연이 되기도 한다. 포스트 코로나라는 상상은 이를 받아들이는 사람에 따라 한갓 환영에 불과할 수도, 변화를 꾀하는 동력으로 작용할 수도 있다. 다만 나는 우리들이 '인류가, 국가가, 내가 무언가를 해야 할 때'를 강조하는 거대 담론에 사로잡히거나 무리하여 응하지 않기를 소망한다. 1차 대유행을 겪은 현장 의료진들은 현 방역 체계가 겨우 아슬아슬한 선을 지키고 있다고 입 모아 말한다. 확진자 수가 병상 수를 넘어서는 순간, 그 뒤로 펼쳐질 현실에서는 K-방역의 손길도, 비대면 기술의 혜택도 쉽게 발휘되기 어려울 것이다.

　　　　　　　맹미선

한동안 두 자리 수를 유지하던 신규 확진자 수는 8월 광화문 집회 이후 다시 빠른 속도로 증가하고 있다. 나는 출근길 마을버스 귀퉁이에서 때때로 이러다 정말 봉쇄라도 한다고 하면 어쩌지, 더 퍼지기 전에 어서 회사가 재택근무를 해야 할 텐데, 생각한다. 그러나 불안과 불만이 있어도 당장 할 수 있는 일이 많지 않다는 것도 안다. 우연히 감염되어 우연한 죽음을 맞이한 사람들, 평소라면 충분히 살 수 있었던 사람들, 그 비가역적인 결과는 우리 인간이 어떤 문제를 제 의지대로 해결할 수 있다는 자만을 내려놓게끔 한다. 내가 통제할 수 없는 일에 과하게 낙관하고 과하게 절망하는 대신 지금 할 수 있는 일을 하는 편이 차라리 나았다.

뾰족한 해결책을 마련하지 못한 채 2차 대유행을 맞이해야 하는 현 상황에서 가능한 최선의 대응은 자신과 타인을 위험에 빠뜨리지 않도록 주의하는 그런 마음 씀에 있을지 모른다. 마스크를 꼬박꼬박 챙겨 쓰고 다른 사람과 물리적 거리를 유지하는 기본 중의 기본을 지키는 일도 그중 하나다. 바이러스라는 실체를 눈앞에 둔 우리에게는 코로나 이후의 미래를 점치기보다 현재의 나와 국가, 나와 인류 사이의 괴리를 버티게

바이러스라는 실체를
눈앞에 둔 우리에게는
코로나 이후의 미래를
점치기보다 현재를
버티게 할 전략이 필요하다.

맹미선

포스트 코로나 담론이
상상하는 변화는
그 버티는 힘을 동력으로
삼을 것이다.

할 전략이 필요하다. 그리고 포스트 코로나 담론이 상상하는 변화는 그 버티는 힘을 동력으로 삼을 것이다.

맹미선

기본소득,
이상 또는 공상

경상대 경제학과 조교수. 서울대에서 경제학을 공부했고, 런던대에서 마르크스의 '세계(시장)'개념 연구로 경제학 박사 학위를 받았다. 국회에서 정책 보좌관으로 일하며 경제 정책을 고안하고, 《한겨레》 경제사회연구원 연구위원으로 있으며 다수의 경제 및 경제 정책 관련 글을 썼다. 『마르크스주의와 한국의 인문학』, 『왜 우리는 더 불평등해지는가』 등을 함께 썼고, 「1997년 '외환위기' 이후 20년: 향후 20년을 위한 회고」, 「'촛불정국'의 사회경제적 차원」, 「복지국가와 조세」 등의 논문을 썼다.

김공회

[주요어] #기본소득 #마르크스 #재난지원금
[분류] 경제학 > 정치경제학

불확실하고 혼란스러운 시절이다. 글로벌 금융위기가 터진 게 12년 전인데 세계경제는 아직도 맥아리가 없다. 이렇게 비실비실한 상태에서 코로나19의 일격을 받자 그로기 상태에 빠졌다. 시절이 수상하니 예언자가 나온다. 이들은 저마다의 방식으로 현실을 진단하고 해결책을 내놓는다.

기본소득론도 그중 하나다. 왜 사람들이 살기가 어려워졌는가? 소득이 줄어서다. 왜 소득이 줄었는가? 고용이 불안정해져서다. 고용이 왜? '4차 산업 혁명' 때문이다. 인공지능이 인간 최고 바둑 기사를 이기고

★ 이 글을 쓰는 과정에서 저자는 정부(교육부)의 재원으로 한국연구재단의 지원을 받았음.(NRF-2018S1A3A2075204)

사람 없이도 자동차 스스로 도로를 헤쳐 나가는데, 사람이 무슨 소용인가! 그러면 이를 멈춰야 하나? 아니다, 4차 산업 혁명은 침체에 빠진 경제를 다시금 일으켜 세울 것이다. 그런 높은 생산력의 일부를 사람들에게 나눠 주자. 국가는 세금을 걷어 고용 여부와 무관하게 모든 국민에게 기본적 삶의 유지에 충분한 금액을 정기적으로 지급하라!

기본소득론은 코로나19로 인한 경제위기 속에서도 빛을 발했다. 정체 모를 감염병에 대응해 사람들이 할 수 있는 최선은 바깥에 나가지 않는 것이다. 전쟁이 난 것도 아닌데 대도시 번화가가 텅 비고 공장과 가게는 문을 닫았다. 실업자가 속출했지만 사장님들도 타격이 컸다. 초유의 사태 앞에서 정부도 어쩔 줄을 모르는 것 같았다. 이때 누군가 외쳤다. '국민 모두에게 재난기본소득을 줍시다.' 이는 찬반 양편에서 격렬한 반응을 일으켰다. 그러다 기적 같은 일이 벌어졌다. 4인 가구 기준 100만 원의 '긴급재난지원금'을 모든 대한민국 국민에게 지급한다고 정부가 발표한 것이다.

사실 이 정책은 누구보다 나 자신에게 각별하다. 처음에 그것을 '정책'의 꼴로 제안하고 이후 실현시키는 과정에 참여했기 때문이다. 지난한 논란 끝에 긴급재난지원금 지급이 결정되자 누구보다도 뿌듯했지만, 기본소득론자들의 흥분감이야말로 각별했다. 이들에게 긴급재난지원금은 본격적인 기본소득 시행을 위한 '마중물'이며, 그 성공은 보수 야당조차도 기본소득을 받아들일 정도로 기본소득이 '대세'가 되었음을 알려 주는 이정표나 다름없다. 기본소득이 우리를 구원해 줄 수 있을까? 우리는 정말로 기본소득 사회로 가고 있는 걸까?

세상을 바꾸는 것만이 아니라
제대로 인식하는 것이 중요하다

어려운 시절에 등장하는 예언자들이 모두 맞는 얘길하는 건 아니다. 때로는 터무니없는 주장이 대중을 현혹하기도 하고 일부는 종교가 되기도 한다. '종교는 인민의 아편'이라고 하지 않나? 기본소득은 어떨까? 아직도 기본소득을 헛된 공상이라고 치부하는 이들이 많다. 현실을 바꾸고자 하는 어떤 주장이나 운동에 현실성을 부여하는 게 뭘까? 반대로, 무엇이 그것을 헛된 망상으로 만드는 걸까? 이런 문제에 누구보다 깊이 천착한 이가 마르크스였고, '종교는 인민의 아편이다.'라는 문장은 그의 문제의식을 집약하고 있다. 이는 마르크스가 혈기왕성한 20대에 쓴 「헤겔 법철학 비판 서문」에 나오는 구절이다.

아편은 마약의 일종으로, 오늘날 마약의 생산과 거래는 많은 나라에서 강력한 법적 규제를 받는다. 중독성 때문이다. 동시에 마약은 곧잘 자유, 상상력, 저항, 파괴, 퇴폐 등과 연결된다. 그에 대한 두려움이 지배계급이 마약을 금지하는 이유라고 보는 이들도 적지 않다. 19세기 중반에는 사정이 좀 달랐다. 마약은 그냥 '약'이었다. 지금도 마약이 진통제로 쓰이긴 하나, 당시엔 중독이라는 개념도 아직 정립되지 않았을 뿐 아니라 다양한 병리 현상에 대한 이해 부족으로 진통제와 치료제의 구별이 희미했다. 피부 질환 등에 시달리던 마르크스 자신도 아편을 애용했거니와, 특히 온갖 육체적, 정신적 고통에 시달리던 당대의 민중에게 아편은 그냥 만병통치약에 가까웠을 것이다. 1820년대 잉글랜드에 2만여 명의 아편상이 있었고, 1860년대까지 잉글랜드에서 판매되는 약물의 20퍼센트는 아편 기반

김공회

이었다는 기록이 있다.

당대 하층민, 곧 프롤레타리아트는 이처럼 널리 보급된 아편을 통해 삶의 고통을 잊을 수 있었다. 아편에서 얻은 행복감은 곧잘 고통 없는 삶에 대한 동경으로, 심지어 환각적인 경험으로 이어졌다. 그러나 그것은 환상일 뿐이다. 불행을 견딜 만한 것으로 만들어 준다면, 아편은 오히려 불행을 양산하는 현실의 메커니즘 유지에 기여하는 것이다. 종교도 비슷한 성격이 있다. 거짓 행복을 약속하는 데서 그치지 말고 불행의 원인 자체를 제거해야 한다. 프롤레타리아트의 단결된 실천만이 이를 가능케 한다. 이것이 마르크스가 내놓은 결론이다.

이와 같은 마르크스의 생각은 1840년대 후반 유럽을 휩쓴 혁명적 분위기 속에서 제대로 빛을 발한다. 그는 종전까지 잘 어울리던 주변의 철학자들의 주장을 공상이라 치부하면서 그들과 공공연히 문필적 싸움을 벌이는 한편 노동자들이 중심이 된 운동 조직에 적극적으로 가담한다. 1848년 엥겔스와 공저한『공산당 선언』은 그러한 활동의 산물이다. 하지만 격렬했던 범유럽적 혁명 운동이 지배계급들에 의해 폭력적으로 진압

되자 마르크스에게도 '현자 타임'이 닥친다. 궁극적으로 실천이 가장 중요하다는 데 이견이 있을 순 없지만, 그 실천의 내용과 방향을 규정하는 인식이 과학적이어야 한다는 것이다. 혁명 실패 이후 돈도 없고 세력도 없는 망명객 신세로 전락한 마르크스가 실의에 빠지지 않고 런던에서 경제학 연구에 매진할 수 있도록 이끈 힘도 바로 그런 생각이었다.

경제학을 연구하면서 마르크스는 현실의 복잡성을 새삼 깨닫는다. 빤히 주어진 현실을 적절하게 이해하는 것 자체가 어려우며, 흐리멍덩한 현실 인식에 입각한 실천은 아무리 투철하더라도 그저 공상에 지나지 않는다는 거다. 복잡성에는 크게 두 차원이 있다. 흔히 '상부구조'라고 하는 정치, 법, 예술 등은 그 자체의 일정한 자율성을 지니면서도 사회의 물질적 '토대'의 규정을 받는다. 이러한 토대-상부구조의 관계가 복잡한 건 당연하겠다. 그러나 바로 저 물질적 토대, 곧 경제의 메커니즘 자체가 매우 복잡하다.

이 복잡성의 큰 축이 생산과 분배 사이에 가로놓여 있는데, 마르크스가 보기에 당대의 경제학은 생산과 분배의 연관을 명확하게 수립하지 못하고 있었다.

이를테면 당대의 가장 유력한 경제학자 가운데 하나였던 존 스튜어트 밀조차도 생산에 대해서는 별다른 문제제기 없이 분배를 조정함으로써 경제 문제를 해결하고자 했다. 과연 그게 가능한가? 오늘날에도 많은 이들이 기업과 노동자가 직접 만나는 생산 영역의 민주화나 그 직접적 결과인 1차적 분배는 외면한 채 정부를 통한 재분배를 통해 경제 문제를 해결할 수 있다는 듯이 말하는 것을 보면, 마르크스가 160여 년 전에 발견한 경제학적 환상의 생명력은 끈질기다.

4차 산업 혁명과
일자리 소멸은 현실일까?

이상과 같은 배경을 깔고 기본소득론을 바라보면 종전엔 잘 보이지 않았던 기본소득론의 그림자가 드러난다. 마르크스가 종교나 마약에서 본 것처럼 인간에게 고통을 주는 원인(이른바 4차 산업 혁명과 일자리 위기)은 그대로 둔 채 행복을 얻을 수 있다고 선전하는 것과 다르지 않다. 또한 기본소득론은 마르크스가 당대 경제학의 문제점으로 여겼던 것처럼 경제의 각 영역들 사이의 연관에도 무심해 보인다.

결정적으로 기본소득은 분배 이외의 문제, 특히 생산에 대해서는 거의 함구한다. 생산에서 벌어진다고 여겨지는 변화, 곧 4차 산업 혁명에 따른 일자리 위기 가능성을 무기력하게 받아들이고, 생산에서 인간의 입지 최소화를 기정사실로 취급한다. 이것은 온당치 않다. 4차 산업 혁명이란 단순한 기술의 문제가 아니다. 기술이 제공하는 가능성들은 그것을 둘러싼 인간관계의 양상에 따라 다양한 방식으로 실현된다. 자본가와 노동자 간의 관계가 핵심 변수이나, 자본가들 간의 관계도 그에 못지않게 결정적이다. 최근 전기차 제조사와 기존 내연기관 자동차 제조사가 업계의 주도권과 미래 향방을 두고 벌인 '혈투'를 보라. 요컨대 우리는 기본소득을 매력적이고 필연적으로 보이게끔 만드는 핵심 전제부터 의심하지 않으면 안 된다.

기본소득의 재원은
무슨 수로 마련할 것인가

4차 산업 혁명과 일자리 소멸이 현실화되었다고 해도

문제다. 이제 노동자는 생산에 거의 기여하지 못할 것이고, 경제적 부가가치[1]는 생산 설비를 소유한 자본가가 독차지할 것이다. 그렇다면 기본소득은 이러한 자본가들의 소득에서, 곧 그들이 내는 소득세에서 나올 수밖에 없을 터이다. 그런데 인구의 대다수인 노동자들이 생산과 고용에서 모조리 쫓겨날 정도로 힘이 없는 상황에서, 그들을 쫓아낸 자본가와 부자들로부터 무슨 수로 기본소득의 재원을 거둬들인단 말인가? 기본소득론자들은 '인간이 직접 기여하진 않아도 모든 생산은 인류 공통 자산인 토지와 자연을 이용해 이루어진다. 그런 기여분을 세금으로 걷자는 것이니 여기엔 정당성이 있다.'라고 답하곤 한다. 하지만 이런 주장은 한때 80퍼센트 넘는 국민이 지지했던 한 정권의 명운이 부동산세 찔끔 올리는 문제로 오락가락하는 오늘의 현실 앞에서 공허해 보이기만 하다.

어찌어찌 세금을 걷는 데 사회적 합의가 이루어졌다고 하자. 과연 그 세금은 예정대로 걷힐 수 있을

[1] 사실 이쯤 되면 '부가가치'라는 것이 도무지 어떻게 생산될 수 있을지에 대해 따져 봐야 할 테지만, 이 글에서 거기까지 나아가지는 않을 것이다.

까? 역설적이지만 부동산세로 재원을 확보하자는 기본소득론자들의 계획에는 부동산 가격이 지금처럼 높아야 한다는 전제가 깔려있다. 이를테면 월 30만 원의 기본소득을 전 국민에게 주려면 연간 180조 원이 드는데, 이를 부동산 세금으로 충당하려면 적어도 그 정도의 수익이 부동산에서 매년 나와야 할 것이고, 이 수익은 부동산 가격에 반영될 것이다. 그러나 부동산에 막대한 세금을 물린다는 결정이 나면, 그에 대응해 부동산 가치가 떨어져 결과적으론 재원이 줄어들게 된다.

환경세도 마찬가지다. 어떤 기본소득론자들은 최근 기후위기에 대한 경각심이 커지고 있으므로 탄소세를 걷어 기본소득 재원으로 삼자고 주장하는데, 여기에도 상당한 모순이 존재한다. 기본소득을 계속 지급하려면 생산이 계속해서 반환경적으로 이루어져야 하니 말이다. 그렇다면 기본소득은 반환경적 생산이 유지되는 데 기여하게 되는 셈이다. 반환경적 생산에서 나오는 탄소세로 기본소득을 받고, 그것으로 다시 반환경적으로 생산된 상품을 구매하고. 반대로, 생산이 친환경적으로 이루어져 정부의 탄소세 수입이 줄어들면 기본소득 재원도 사라질 것이다.

김공회

끝으로 소수 부자들에 대한 소득세를 통해서든, 아니면 부동산세나 탄소세를 통해서든, 실제로 정부가 국민 모두에게 기본소득을 지급하기에 충분한 재원을 확보했다고 치자. 그런데 이런 정부는 우리가 지금까지 보지 못한 매우 강력한 정부일 것이다. 낭비되는 예산을 최소화해 기본소득 재원으로 끌어올 수 있는, 매우 효율적이고 유능한 정부이기도 하겠다. 대중의 지지도 높을 것이다. 그런 정부가 그 능력과 국민의 지지를 총동원해 확보한 재원을 국민 모두에게 똑같이 나눠 주는 방법이 과연 최선일까? 이런 정부라면, 개인에게 나눠 주는 것보다 더 잘 쓰는 방법을 알고 또 행할 수 있지 않을까? 그리고 이런 정부라면, 국민 개개인의 속사정도 속속들이 파악하고 있을 테니, 나눠 주더라도 차등적으로 나눠 줄 수 있지 않을까? 궁극적으로, 이렇게 강력하고 유능한 정부라면, 엄청난 인공지능으로 무장한 저 생산 설비를 직접 운용하는 게 낫지 않겠는가? 왜 그것을 사리사욕에 따라 움직이는 자본가들에게만 맡겨 두는가?

기본소득론은 18~19세기
전환기 서유럽을 무대로
첫 번째 산업 혁명과
함께 등장했다.

김공회

매번 산업 혁명 이후
대중의 삶의 안정성은
과거로의 회귀가 아니라
전혀 새로운 생산관계와
사회관계 속에서
재구축되었다.
여기에도 문제는 많았다.
하지만 이런 빈틈을
메워준 건 기본소득이 아니라
국가였다.

기본소득, 오래된 미래

이렇게 기본소득이 '제대로' 실현된 세상은 어딘지 앞 뒤가 맞지 않아 보인다. 반면 얘기를 꼭 그렇게 극단적 으로 몰아갈 필요가 있느냐고 타박하는 이도 있겠다. 온전한 기본소득은 아니지만 장차 '온전한' 기본소득 으로 발전할 가능성을 보여 주는 사례들도 더러 있지 않나. 앞에서 언급한 긴급재난지원금도 그렇거니와 그 이전에도 불완전하나마 기본소득 성격을 갖는 정책들 이 여럿 있었다.

4차 산업 혁명이란 여전히 모호하지만, 일자리가 불안정해지고 줄어드는 건 사실이며 이런 변화에 가장 취약한 게 청년이다. 이에 대응해 기본소득을 옹호하 는 정치인이 이끄는 일부 지자체에서 청년수당, 청년 배당 등의 이름으로 기본소득 성격의 정책이 실시되었 다. 이는 현재 중앙정부 정책으로 격상되어(이 과정에 서 명칭이 '청년구직활동지원금'으로 바뀌었다.) 전국적으 로 시행 중이다. 아동수당(7세 미만)이나 기초연금(65세 이상)도 연령 제한이 있긴 하나 기본소득의 변형으로 볼 수 있다. 그렇다면 지금은 이상 또는 공상으로만 치

김공회

부되던 기본소득의 예언들이 우리 사회에서 하나씩 실현되고 있는 과정일까?

나아갈 길이 오리무중일 땐 지나온 길을 돌아보는 게 도움이 된다. 기본소득론은 만만치 않은 역사를 가지고 있다. 그것은 18~19세기 전환기 서유럽을 무대로 첫 번째 산업 혁명과 함께 등장했다. 산업 혁명은 기존의 생산과 삶의 기반을 파괴한다. 이에 대한 대중의 즉각적 반응은 두 가지다. 기계 파괴와 과거로의 회귀. 기본소득론은 후자의 경향을 대표한다. 땅으로 돌아가 농사나 짓게 해 달라! 영농에 필요한 초기 자금, 곧 기본자산(basic capital)을 보장해 달라는 이도 있었다. 이것이 애초 기본소득 주장의 골자였다. 두 번째, 세 번째 산업 혁명이 닥쳤을 때도 마찬가지다. 대중의 삶의 기반도 계속해서 흔들렸고, 그럴 때마다 기본소득은 소환되었다.

'안정적 삶의 보장'이라는 기본소득론의(그러나 기본소득론만의 것이라고는 할 수 없는) 이념은 언제나 큰 울림을 냈다. 하지만 역사가 기본소득이 실현되는 방향으로 진행되었다고 보기는 어려울 것 같다. 먼저 매번 산업 혁명 이후 대중의 삶의 안정성은 과거로의 회귀가 아니라 전혀 새로운 생산관계와 사회관계 속에서 재구축되었다. 임노동이 보편화되었고, 노동자들이 단결해 임금 인상과 근로조건 개선을 요구했다. 여기에도 문제는 많았다. 직종이나 고용 형태 간에 격차가 벌어졌고, 실업 문제도 새롭게 대두했다. 하지만 이런 빈틈을 메워 준 건 기본소득이 아니라 국가였다.

어떤 국가를 원하는가?

국가의 역할을 심각하게 고려하지 않는 것은 기본소득론의 커다란 맹점이다. 오늘의 자본주의 아래에서, 어떤 경제를 원하느냐는 질문은 곧 어떤 국가를 원하느냐는 질문과 크게 다르지 않다. 오늘 대한민국에서 국가는 지금보다 더 많은 일을, 더 유능하게 해낼 수 있어야 한다. 이러한 국가는 경제 전체의 현황을 조망하고 앞으로의 움직임을 면밀히 예측하면서 대중의 삶이 안정적으로 유지될 수 있도록 자신의 역할을 끊임없이 조정해야 할 것이다. 기본소득론은 국가가 오늘날과 같은 적극적인 경제적 역할을 수행하기 전에 출현했으니, 이러한 맹점 자체로는 이상할 게 없다. 그러나 지

김공회

금까지도 기본소득론은 대체로 국가의 역할을 의도적으로 최소화하는 데 열정적이다. 역사적으로 존재했던 다양한 형태의 큰 정부 '복지 국가들'이 여러 폐해를 낳은 것은 사실이지만, 우리가 미래를 고민할 때 그런 폐해를 지레 극복 불가능한 것으로 상정할 필요는 없다.

최근 우리 사회에서 실현되고 있는 기본소득 성격의 정책들을 다시 보자. 이를테면 청년수당이 취업난을 겪는 청년들에게 도움이 되는 것은 사실이다. 그러나 국가가 청년 취업을 위해 보다 구조적인 노력을 펼치면, 청년수당 지급의 필요성은 줄어들 것이다. 긴급재난지원금도 그렇다. 그것이 재택근무를 할 수 있는 직장인이냐, 영업장을 폐쇄해야 하는 자영업자냐를 가리지 않고 보편적으로 지급된 것은, 지금 우리에게 피해자를 선별하고 피해 규모를 산정하는 인프라가 없었기 때문이다. 국가가 이러한 인프라를 갖추게 된다면, 다음번의 재난지원금은 보편적으로 지급될 필요가 없을 것이다.

지난 10여 년 사이에 기본소득론은 우리가 지향할 하나의 '이상'을 제시하면서 우리 사회의 발전에 기여했다. 그러나 그 성과의 일부는 우리나라에서 국가의 능력이 급속히 발달한 경제 수준에는 못 미쳤기 때문이기도 하다. 바로 그런 의미에서, 기본소득론의 미래는 '어떤 국가인가'라는 질문을 얼마나 심각하게 다루느냐에 달려있다. 경제에 대한 총체적 시각을 확보하고 국가(정부)의 역할을 보다 적극적으로 인정하며 현실이 만들어지는 과정에서 사회 갈등이 갖는 의의에 정당한 주의를 기울이지 않는다면, 기본소득론이 구상하는 기본소득 사회는 공상에 지나지 않을 것이다.

김공회

「조커」,
억지웃음의
이미지

영화평론가. 2019년 부산일보 신춘문예 공모 영화평론 부문에
「0과 1이 된 링컨과 릴리언 기시」로 당선되었다. 현재 학부에서
영상이론을 전공하고 있으며, 시대를 막론하고 대중영화에 관심
이 많다.

이병현

[주요어] #조커 #대중영화 #영상이미지
[분류] 인문예술 > 영화비평

「조커」(토드 필립스, 2019)라는 작품을 둘러싼 논쟁이 가라앉은 만큼, 지금이 이 영화에 대한 글을 쓰기 적당한 때인 것 같다.

먼저 확실히 해 두고 싶은 점이 있다. 나는 「조커」에 대한 (때때로 '소셜 저스티스 워리어' 등의 표현으로 조롱받곤 하는) 여성주의적 해석에 전적으로 동의한다. 「조커」는 분명하게 소수자에 대한 문화적 착취를 벌이고 있다. 이는 이를테면 흑인에 대한 것이기도 하고, 혹은 여성에 대한 것이기도 하다. 그러나 이 글에서는 여성주의적 분석 틀에 기반해 영화를 진단하지 않을 것이다. 여기에는 여성주의적 문제 제기가 도리어 「조커」라는 영화에 헛된 깊이를 부여할지 모른다는 불안감도 한몫했다.(그렇다고 여성주의적 해석을 피해 가겠다는 말은 아니다.) 나는 「조커」에 대한 앞선 논의들에 기반해, 어떻게 이 영화가 '깊이 없는 표면'을 드러내고 있는지에 대해 탐구해 보고자 한다. 이 과정에서 다음과 같은 낡은 질문이 검토될 것이다. 영화는 죽은 것인가, 살아 있는 것인가?

트럼프 시대 또는 분열증 시대
영화 「조커」의 계보 찾기

영화 「조커」는 이 작품이 마땅히 받았어야 할 관심보다 더 많은 관심을 받았기 때문에 좋은 쪽으로든 나쁜 쪽으로든 과대평가되었다. 평론가들이 「조커」를 지나치게 깊이 있는 영화로 생각했다는 증거는 마지막 장면에 대한 해석에서 발견된다. 광대 시위대 사이에서 '조커'가 되었던 아서 플렉이 아컴 정신병원에 수용되어 상담을 받던 중 갑자기 웃음을 터뜨린다. 이 장면이 영화의 나머지 전체를 농담 내지는 망상으로 생각하게 만든다는 해석은, 이 영화가 의도한 바도 아닐뿐더러 만에 하나 사실일 경우 영화 자체를 두 시간짜리 블록버스터급 개꿈으로 만드는 시시껄렁한 가능성이다. 《씨네21》에 실린 「조커」에 대한 찬반 평론이 공히 짧게나마 이 가능성을 타진하고 있다는 것은 하나의 상징적인 광경으로 보인다. 철저하리만치 깊이가 결여된 표면 앞에서 저도 모르게 '이면'을 파헤치려 드는 전문가들의 나쁜 습성이라고나 할까?

문제는 해당 장면에 대한 해석에만 있는 것이 아니다. 나는 그 외의 점에서도 앞서 언급한 《씨네21》에 실린 찬반 평론[1] 모두에 동의할 수 없었다. 먼저 찬성을 표한 박지훈의 글은 "좋은 영화란 윤리적인 영화"라는 기본 전제부터 의문이 생겼고, 반대 글을 쓴 김병규는 이 영화를 "아메리칸 뉴 시네마의 유산"의 연장선상에서 다루므로 역시 잘못된 계보 위의 평가라고 봤다. 다만 두 글의 대전제에 대해서는 동의할 수밖에 없는데, 「조커」가 분명 '이 시대'에 대한 작품인 것은 맞기 때문이다.(두 사람은 이를 각각 "모든 이들이 분열증을 앓고 있는 시대", "트럼프 시대"라고 표현했다.)

대중영화인 「조커」가 다루고 있는 시대가 현재라

[1] 박지훈, 「「조커」의 폭력을 어떻게 읽을 것인가의 문제와 우리 시대의 문제」; 김병규, 「「조커」의 폭력, 엉성한 난장」, 《씨네21》 1226호.

는 것은 너무나 당연한 이야기로 받아들여질지 모른다. 내 흥미를 끄는 것은 당대를 말하기 위해 조커가 끌어들이는 역사적 배경이다. 영화 내에서 알기 쉽게 제시되지는 않지만 「조커」 속 고담 시티의 시간대는 설정상 1981년이다. 많은 평자들이 지적했다시피 이는 레이건 임기의 시작과 겹친다. 동시에 이 시기는 영화사적으로 뉴 할리우드[2]의 끝 무렵으로, 직후 이어지는 것이 수잔 제퍼드가 '하드 바디 영화'로 명명한 액션-모험 블록버스터 영화의 시대다. 이 하드 바디 영화의 계보에 팀 버튼 작 「배트맨」(1989)이 있고, 이것이 영화사에 조커 캐릭터가 등장한 첫 번째 순간이라는 것은 잘 알려져 있다. 『옥스퍼드 세계 영화사』에 실린 글 「할리우드 블록버스터의 꿈과 악몽」에서 조지

[2] 한국에서 흔히 뉴 아메리칸 시네마(혹은 아메리칸 뉴 시네마)라 불리는 시기는 미국 영화사에 1967년부터 1975년 사이에 짧게 존재했던 예외적 시기로, '아메리칸 뉴 웨이브'라 불리기도 한다. 이름에서 알 수 있듯 프랑스의 누벨바그를 비롯한 당대의 뉴웨이브 조류에 속한 흐름이다. 이 시기를 영어로는 주로 뉴 할리우드라 표기하며(영어 위키피디아가 이 표기를 채택했다.) 이 뒤를 이어 나타난 일군의 '영화악동' 감독들, 즉 스티븐 스필버그, 브라이언 드 팔마, 프랜시스 포드 코폴라, 마틴 스코세이지, 조지 루카스 등이 이룬 새로운 흐름을 뉴 할리우드 클래식이라 지칭한다.

프 사텔은 이른바 하드 바디 영화라는 지칭을 조금 더 노골적으로 바꿔 부르기도 하는데, 그에 따르면 이 영화들은 '백인 남성 편집증 판타지' 즉 피해자로서의 백인을 그리는 영화들이다. 물론 이 시대가 오로지 이런 '보수적이고 반동적인' 영화들로만 이뤄진 것은 아니다. 일명 영화악동이라 불리는 영화 학교 출신 감독들은 뉴 할리우드 클래식이라 지칭되는 새로운 흐름을 만들어 내기도 했다. 예를 들어 「조커」가 로버트 드니로의 캐스팅을 통해 직접적인 영향을 받았다고 자임하는 「택시 드라이버」(1976)와 「코미디의 왕」(1983) 등이 이 계보에 속한다.

2019년의 「조커」는 두 계보 사이에 끼어 끊임없이 진동한다. 후자의 뉴 할리우드 클래식에 러브콜을 보내면서도, 전자의 하드 바디 계보에 속수무책 끌려가는 모습이 영화 전반에 걸쳐 반복되고 있는 것이다. 이는 매우 흥미로운 파열음을 자아낸다. 영화 바깥에서는 양극단의 반응, 즉 황금사자상 수상과 (레이건 시대의 '신우파'를 떠올리게 하는) 대안 우파들의 찬양이 이어졌다. 베니스영화제의 인준을 받았기 때문에 이 영화가 이제 스스로 좇은 뉴 할리우드 클래식 계열에 합류

했다고 깔끔하게 결론짓기 힘든 이유가 여기에 있다. 둘 사이의 긴장이 영화 내외적으로 해소되지 않았기 때문이다.

영화 스스로가 자신의 영화사적 위치를 신경 쓰고 있는 듯한 움직임은 도처에서 발견된다. 영화 속 시간대가 1981년이라는 사실이 오직 영화관 간판을 통해서만 제시된다는 것부터가 이에 대한 암시로 보이기도 한다. 무엇보다 이는 찰리 채플린이라는 무성영화의 아이콘을 직접 스크린 위에 호출함으로써 전면화된다. 서사적으로 아무런 필요도 없는 「모던 타임스」 관람 장면은 말 그대로 보란 듯이 관객 앞에 던져지는데, 남다은은 이를 힌트로 삼아 「조커」를 코미디의 계보 아래에서 분석한 바 있다.[3] 그런데 의아한 것은 아서와 채플린은 전혀 닮은 구석이 없는 사람들이라는 사실이다. 아서가 채플린의 「모던 타임즈」나 「시티 라이트」 결말에서와 같은 행복한 미소의 지점에 도달하지 못하리라는 것 역시 외관상 명백해 보이는데, 이는 남다은이 훌륭하게 지적했듯이 "그에게는 웃기는 재능이 없

[3] 남다은, 「어느 망상증자의 도취법」, 《필로》 제11호(2019년 11월호).

이병현

기 때문"이기도 하지만, 무엇보다 아서에게는 웃을 능력이 없기 때문이다. 접근 방향은 다소 다르지만 이것은 《씨네21》에 반대 평론을 기고한 김병규 역시 던지는 질문으로, 그는 호아킨 피닉스의 "특별한 무표정"을 언급하며 "호아킨 피닉스라는 배우-스타의 무표정과 조커라는 분장에 새겨진 웃음이 맺는 불화"에 대해 질문한다.

그렇다면 왜 「조커」는 처음부터 실패를 상정한 부질없는 계보학을 펼쳐 보였는가? 정확히는 왜 웃음이라는 것이 무엇인지도 알지 못하는 듯한 아서에게 '언제나 행복한 얼굴을 하라'는 불가능한 채플린적 명제(「모던 타임즈」의 마지막 대사 "웃어요.(Smile.)")를 인생의 목표로 제시하는가? 호아킨 피닉스의 '특별한 무표정'을 고려하면, 이 배우가 맡은 역할인 아서에게는 '위대한 무표정(Great Stoneface)'의 버스터 키튼이 롤 모델로 제시되는 것이 보다 행복한 결말로 가는 길 아니었을까? 영화사를 그만큼이나 의식하는 이 영화가 "나는 무성영화 배우의 얼굴을 떠올릴 때 (……) 남배우 중에서는 채플린과 키튼이 동시에 떠오른다."라고 로저 이버트가 언급했던 그 키튼을 대안으로 떠올리지 못했을 이유가 없다.

　간편한 대답은 아마도 다음과 같을 것이다. 이 영화는 결국 빌런 조커의 탄생기이기 때문에, 아서가 행복해져서는 안 된다는 것. 이러한 순환 논법에 근거하지 않고서는 조커의 어지웃음을 설명할 도리가 없다. 조금 더 복잡한 대답은 아마도 다음과 같을 것이다. 「조커」는 의도적으로 영화 내적인 긴장 관계를 아서의 '얼굴'을 통해 이미지화했다는 것. 손가락으로 입꼬리를 끌어올리는 움직임, 그 미묘한 떨림이 영화의 모순을 그대로 드러내 보이고 있다.

릴리언 기시, 버스터 키튼, 조커
억지웃음의 패러디의 패러디

두 계보가 부딪혀 실패한 지점에서 다시 새로운 계보를 그려 보자. 위에서 앞뒤를 생략한 로저 이버트의 문장을 다시 전체 인용해 보겠다.

　그리고 릴리언 기시(Lillian Gish)의 얼굴이 있다. 그는 가장 위대한 무성영화 배우였는가? 아마도 그렇다. 나는 무성영화 배우를 생각할 때 가장 먼저 기시의 얼굴을 떠올린다, 남자 중에서는 채플린과 키튼이 나란히 떠오르는 것과 같이.[4]

채플린 하면 키튼이 바로 떠오르듯이, 두 사람의 이름 옆에 나란히 거론될 만한 배우가 바로 릴리언 기시다. 이는 단순한 연상 작용에 그치지 않는다. (억지)웃음이라는 키워드를 놓고 보면 무성영화 시기까지 거슬러 올라가 「조커」를 영화사에 위치시킬 때 채플린을 끌어들이기보다는 오히려 조커와 키튼 그리고 기시를 연관 짓는 것이 더욱 합당한 설명이 될 수 있다. 로저 이버트의 위 글은 영화 「흩어진 꽃잎」(D. W. 그리피스, 1919) 리뷰의 일부인데, 공교롭게도 이 영화에서 또한 아서의 억지웃음과 비슷한 제스처의 클로즈업이 등장한다.

「흩어진 꽃잎」에서 릴리언 기시가 연기한 루시는 폭력적인 아버지 밑에서 자라 웃음 짓는 법을 모르는

[4] Roger Ebert, "Reviews: Broken Blossoms"(2000. 1. 23, https://www.rogerebert.com/reviews/great-movie-broken-blossoms-1919).

인물로, 중국인의 일방적 구애를 받는 모습을 보고 분노한 아비에게 맞아 죽는 인물이다. 문제의 장면에서 루시는 눈물이 그렁그렁한 상태로 입꼬리를 밀어 올리는데, 이때 루시는 "웃는 게 어때?(Put a smile on yer face, can't yer?)"라는 아버지의 협박을 듣고 억지로 미소를 만들어 낸다. 간자막에 따르면 "불쌍한 루시는 한 번도 웃어 본 적이 없으며, 때문에 이와 같은 안쓰러운 자세를 취한다." 이버트의 묘사를 빌리자면 "아버지가 웃으라는 명령을 내리면, 그는 손가락으로 입꼬리를 밀어 올린다."

재미있는 것은 이 장면을 버스터 키튼이 패러디한 적이 있다는 사실이다. 미국의 영화평론가 할 힐슨은 「서쪽으로」(Go West, 1925)의 억지웃음 장면이 릴리언 기시가 「흩어진 꽃잎」에서 보여 주는 해당 장면의 패러디라고 주장한다.[5] 그에 따르면 키튼은 이미 1923년 작 「세 시대」(Three Ages)에서 D. W. 그리피스의 「인톨러런스」(1916)를 패러디한 바 있으므로 이러한 패러디가 새삼스러운 것은 아니며, 어쩌면 키튼이 코미디를

[5] Hal Hinson, "Buster Keaton, Seriously Funny", *Washington Post*, 1995. 10. 22.

위해 즐겨 활용한 전략이었을지 모른다. 들뢰즈 역시 키튼에 대해 "아마도 베르토프와 함께 영화 속에 영화를 끌어들인 최초의 작가"[6]로 언급한 바 있다.

따라서 기시와 키튼을 거쳐 조커가 그들의 제스처를 패러디하고 있는 상황은 이 동작이 단순하게 영화 내적인 파열음만이 아니라, 영화가 자기 안에 끌어들인 영화사 자체의 파열을 보여 주는 것이 아닌가 하는 의심을 품게 만든다. 이제 영화 속에 영화를 끌어들이는 기법은 보통 관객에게도 그리 낯설지 않은데, 패러디나 오마주는 영화에 조금 관심이 있으면 다 아는 말이 되었다. 이것은 들뢰즈가 다네에게 보낸 서신에서 묘사한 대로 "이제는 이미지 뒤에 볼 만한 것이 무엇이 있는가, 또는 이미지 그 자체를 어떻게 보아야 하는 것이 문제가 아니라, 어떻게 거기에 끼어들고 미끄러져 들고 할 수가 있는가 하는 것이 문제"[7]인 상황, 즉 "이미지의 바탕부터가 이미 이미지"인 상황으로 우리가 빠져들었다는 뜻이다. 이쯤에서 들뢰즈가 쓴 서

[6] 질 들뢰즈, 이정하 옮김, 『시네마 2: 시간-이미지』(시각과언어, 2005), 156쪽.
[7] 질 들뢰즈, 김종호 옮김, 『대담 1972~1990』(솔, 1993), 84쪽.

오늘날의 영화에서
우리는 깊이를 상실한 동시에
영혼의 창으로서의
얼굴 이미지를 상실했다.

우리는 죽은 것 사이에서
어떻게 낙관할 수
있을 것인가?
표면 뒤의 이면은 환상에
불과하지만,
그것은 집요한 환상이다.

신의 주제가 '영화의 죽음'이라는 것을 미리 밝혀 둔다.

「조커」는 이미 살펴본 대로 현대 영화가 처한 이 난관을 반대로 적극적으로 창작 조건으로 삼는다. 이제 상황은 거꾸로 뒤집힌다. 김혜리[8]와 듀나[9]가 지적했듯이 이 영화는 오직 영화사 위에서만 직동할 뿐, 실제 역사에는 별 관심이 없다. 「조커」에 이면이 없다는 것은 바로 이런 의미에서다. 이 영화에는 영화사만 존재할 뿐 역사가 존재하지 않는다. 들뢰즈가 말한 '깊이 없는 표면'의 영화인 것이다.

[8] "다양하고 구체적인 실제 사건의 패스티시는 「조커」를 정치적인 영화로 보이게 하는 착시 효과가 있다. 하지만 각 사건의 인종적, 계급적 맥락을 떼어 내고, 주인공의 곤경과 타락의 계기로 재배열한 시나리오는 결과적으로 「조커」를 사회 드라마로서 더없이 공허하게 만든다." 김혜리, 「김혜리의 영화의 일기' 웃는 남자」, 《씨네21》 1227호.

[9] "일단 「조커」는 잘 만든 재창작이다. 「택시 드라이버」, 「코미디의 왕」, 「프렌치 커넥션」과 같은 고전에서 재료들을 가져왔는데 그걸 자기 스타일에 자연스럽게 녹여 내며 새로운 의미를 부여한 실력은 상당하다. (……) 하지만 캐릭터와 소재를 다루는 방식을 보면 좀 움찔하게 된다. (……) 존 힝클리 주니어가 「택시 드라이버」를 보고 레이건을 저격한 게 1981년이다. 「다크 나이트」 시리즈의 조커를 흉내 낸 남자가 벌인 오로라 총기 저격 사건은 2012년에 있었다. 당연히 이런 인물을 다루는 방식은 1980년대와는 달라야 하고 새로운 시대 환경에 맞게 업그레이드가 되어 있어야 한다. 하지만 「조커」는 반대로 간다." 듀나, 「마냥 열광할 수만은 없는 '조커'의 감수성에 대하여」, 《엔터미디어》(http://www.entermedia.co.kr/news/articleView.html?idxno=10145).

목마른 사슴이 우물을 찾듯이
영화의 의미라는 환상 찾기

서두에 농담처럼 언급한 전문가들의 나쁜 버릇에 대해 언급하며 글을 마무리하자. 평론가들이 「조커」와 같은 영화의 이면을 논하는 행위는 마치 '메마른 깊이'를 파내면 다시 한 번 물이 솟구치지 않을까 하는 기대로 삽질을 하는 것과 같다. 들뢰즈의 글과 마찬가지로 '영화의 죽음'이란 주제를 다루고 있는 책인 『영화 속의 얼굴』에서 자크 오몽은 다음과 같은 표현을 쓴다. "현대 영화들 곳곳에서 이따금씩 우리를 사로잡는, 무수한 얼굴들 아래 차가운 깊이의 부재".[10] 이 문장은 오늘날의 영화와 그 영화를 보는 관객들이 처한 상황을 절묘하게 함축하는 표현이다. 우리는 현대 영화를 보며 크게 두 가지를 느낀다. 관객은 영화에 빠져드는 동시에, 은연중에 차갑게 밀어내지는 듯한 느낌을 받고 있다. 인력과 척력이 힘의 균형점을 이루고 있는 이러한 상황의 원인은 바로 깊이의 부재다. 비록 그 이유

[10] 자크 오몽, 김소영 옮김, 『영화 속의 얼굴』(마음산책, 2006), 28쪽.

가 깊이의 부재라는 것을 머리로는 깨닫지 못하더라도, 관객들은 이미 어딘가 서늘한 구석을 느끼고 있는 것이다.

「조커」는 현대 영화가 작동하는 방식을 잘 알고 있으며 이를 활용해 곳곳에 미끼를 던져둔 영리한 작품이라 할 수 있다. 특히 직접적으로 무성 영화에서 길어온 제스처의 힘은 굉장히 강력해서, 타이틀이 뜨기 전인 도입부에 이 장면을 클로즈업으로 배치한 이유도 충분히 짐작 가능하다. 관객은 (여전히 머리로는 이미지의 연원을 알지 못하더라도) 여기에 강력한 향수를 느끼고 도취된다는 것이 내 가설이다.

오늘날의 영화가 기댄 이미지는 우리가 열렬히 사랑했던 이미지다. 그러나 이미 좋은 옛날은 갔다. 우리는 깊이를 상실한 동시에 '영혼의 창'으로서의 얼굴 이미지를 상실했다. 여전히 그 상실에 아파하고 있는 사람들이 짧게나마 과거의 영화를 추체험하는 것도 나쁜 일은 아니다. 기억해야 할 것은 조커의 얼굴이 분장한 얼굴이라는 사실이다. 브루스 웨인이 가면을 써야만 비로소 배트맨이 되듯이, 아서 플렉도 분장을 해야만 조커가 된다. "영화는 다양한 방식으로 제작된 가

　　　　　　　　이병현

면을 무성영화 얼굴의 보편적인 표현적 가치를 대신할 만한 효과적이고 항구적인 대용품으로 활용해 오고 있다."[11] 「조커」라는 영화 역시 옛 영화에 대한 효과적인 대용품이다.

서두에 던진 질문에 답할 때가 됐다. 영화는 죽은 것인가, 아니면 살아 있는 것인가? 1993년, 프랑스 감독 크리스 마커는 영화 「마지막 볼셰비키」의 마지막 장면에서 소련 감독 메드베드킨에게 다음과 같은 헌사를 바쳤다.

처음 두 이미지의 결합이 완전히 다른 의미를 만들어 내는 것을 보고 눈물을 흘렸던 때를 기억합니까? 지금은 TV에서 수많은 이미지들이 쏟아져 나오지만 아무도 눈물을 흘리지 않습니다. 당신을 묘사할 단어가 이제 생각나네요. 톨찬, 베르토프, 공룡. 공룡에게 무슨 일이 일어났습니까? 아이들은 공룡을 좋아하지요.

[11] 위의 책, 310쪽.

이 헌사에서 크리스 마커는 분명 공룡의 멸종을 암시하고 있다. 공룡이 멸종했듯이 옛 영화도 멸종했다. 남아 있는 것은 단지 공룡 장난감을 갖고 놀며 좋아하는 아이들뿐이다. 이 아이들이라는 비유에 나를 포함한 많은 영화광들을 포함시킬 수 있을 것이다. 혹은 「조커」의 흥행에 미루어 보아, 많은 대중이 여전히 포함된다고 할 수도 있다.

그런데 공룡이라는 비유는 또 다른 생각을 떠올리게 한다. 진화생물학적으로 새의 조상은 수각류 공룡이다. 공룡은 지구상에서 완전히 사라진 것이 아니라 여전히 새라는 형태로 변해 우리 곁에 남아 있다. 때문에 위 질문은 다음과 같은 형태로도 변형된다. 공룡이 아닌 새와 함께 산다는 것은 무슨 의미인가? 즉 우리는 죽은 것 사이에서 어떻게 '낙관'할 수 있을 것인가? 해결되어야 할 질문은 아마도 이것이다. 이면은 환상에 불과하지만, 이것은 집요한 환상이기 때문이다. 깃털 없는 공룡 이미지가 여전히 대중에게 더욱 친숙한 공룡 이미지이듯이.

· 이병현

판타지와 함께
살아남기

서강대와 인하대 대학원에서 국문학을 공부하고 어린이문학 연구로 박사 학위를 받았다. 어린이문학 연구와 아울러 평론과 창작까지 함께하며 여러 시선에서 어린이문학을 탐색하는 중이다. 동시집 『뽀뽀의 힘』, 청소년시집 『그때부터 사랑』, 그림책 『오늘아, 안녕』 시리즈 등 여러 권의 어린이책을 출간했다.

김유진

[주요어] #판타지어린이문학 #모험과회귀 #원초적진실의세계
[분류] 문학비평 > 어린이문학

어린이가 경험하는
미지의 세계로

전 세계가 신종 바이러스와 싸우는 유례없는 날들이
다. 지구 어디든 오가던 통행의 자유는 사라지고, 모두
집에 틀어박혀 바이러스 감염자의 숫자가 줄기를 기
다리고 있다. 바이러스도 무섭지만 바이러스를 둘러싼
반응들은 더욱 공포스럽다. 끊임없이 불거지는 혐오와
차별, 이기심과 무지는 인류에 대한 절망감을 깊이 새
겨 놓는다. 이런 현실에서 서사의 상상력은 보잘것없
어 보인다.

　현실은 늘 서사를 능가하고 비웃으며 저 멀리 앞

서 달려간다. 리얼리즘이라는 문학 정신 내지 문예 사조가 의문시되는 것이다. 예전의 서사 감각으로 현실을 재현하는 일이 결코 현실 그 자체만 못하는 때라면, 판타지 문학으로 눈을 돌려 고민과 해결의 실마리를 찾을 수 있지 않을까. 현실을 넘나드는 환상으로 축조된 판타지 문학은, 상상을 초월하고 미래를 비웃듯 배반하는 현실에서 앞으로 서사가 무엇을 어떻게 말할 수 있을지, 말해야 하는지에 대한 이야기를 들려줄 수 있지 않을까.

특히 어린이문학에서 환상은 주요한 주제다. 18세기 후반 독일 낭만주의 시대에 탄생한 어린이문학은 환상성과 가까운 장르로, 환상성을 장르의 주요 특징으로 발전시키며 성장했다.[1] 한국 어린이문학의 성격은 좀 다르지만 서구 어린이문학의 대표작은 거의 판타지 작품이다. "환상적이라고 하는 것은 자연법칙을 알고 있는 한 존재가 겉보기에 초자연적인 사건에 직면하여 경험하는 망설임"[2]에 핵심이 있다고 할 때,

[1] 김서정, 『어린이문학 만세』(굴렁쇠, 2003), 20~21쪽 참조.
[2] 츠베탕 토도로프, 최애영 옮김, 『환상문학 서설』(일월서각, 2013), 53쪽.

어린이가 머뭇거리며 경험하는 미지의 세계는 어른의 경우보다 훨씬 다양하고, 거대하며, 때로 공포스럽기도 할 것이기 때문이다.

이 글에서는 책으로도, 넷플릭스에서 제공하는 영화로도 쉽게 만날 수 있는 판타지 어린이문학의 대표작들에 나타난 초자연적 세계를 소인(小人), 초인, 모험이라는 세 가지 모티브로 나누어 살펴보겠다. 이어 판타지 어린이문학과 함께하는 시간이 오늘날 살아가는 데 어떤 의미일지 작은 생각거리를 찾아보려 한다.

인간 현실을 비판하는
작은 존재들

일본 지브리 스튜디오의 애니메이션 영화 「마루 밑 아리에티」의 원작인 메리 노튼의 『마루 밑 바로우어즈』(1952)는 여러 권의 후속편으로 이어진 가장 유명한 소인 이야기책이다. 영국 작가의 동화가 일본 애니메이션으로 만들어진 이유는 단지 유명세만은 아니다. 일본 판타지 어린이문학을 대표하는 동화로 이누이 도미코의 『나무 그늘 밑의 소인들』과 사토 사토루의 '코로보쿠루' 시리즈[3]가 있기에 소인이라는 소재는 익숙했을 것이다. 소인은 어른보다 몸도 권력도 작은 어린이가 동일시하기에 적절한 존재다.

『마루 밑 바로우어즈』의 소인 '바로우어즈(The Borrowers)'는 인간의 물건을 몰래 가져다 쓰며 생활을 꾸린다. 작품은 소인의 시선을 통해 인간 현실을 비판하는데, 메리 노튼은 책 머리말에서 창작 계기를 다음과 같이 밝힌다.

"제가 다시 그 작은 사람들을 생각하게 된 건 1940년 전쟁 직전이었지요. (……) 그 무렵에는 험난하고 비극적인 일로 내가 어린 시절 꾸며낸 그 작은 사람들과 비슷한 생활을 할 수밖에 없는 사람들이 생겨났지요. (……) 우리 모두 그 작은 사람들 같은 생활을 할 수 있다는 것도요."[4]

[3] 『나무 그늘 밑의 소인들』은 국내에 번역 출간되지 않았고, '코로보쿠루' 시리즈는 1권 『아무도 모르는 작은 나라』(논장, 2001)부터 5권 『꼬마 아가씨 뱁밥뜨기의 모험』(논장, 2002)까지 출간됐다.
[4] 메리 노튼, 손영미 옮김, 『마루 밑 바로우어즈』(시공주니어, 1996), 17쪽.

김유진

『마루 밑 바로우어즈』에서 주인공 아리에티의 엄마 호밀리는 인간에게 들킬 위험을 알고도 남편에게 마루 위로 나가 생필품을 가져오라고 끊임없이 요구하고 저택 바깥 생활을 두려워한다. 이는 여성 인물을 그리는 당시 성 인지 감수성의 문제이기도 하겠지만 생계를 불안해하고 안정을 갈망하는 당대 현실을 반영한다. 자신들은 인간의 물건을 훔치는 게 아니라면서 "버터가 빵을 위해 있는 것처럼, 잉간들은 빌리는 사람들을 위해 있는 거야."[5]라고 주장하는 '바로우어즈 중심주의'는 인간 중심주의를 상기시키며 그들을 잡아 해치려는 인간 모습을 반성하게 한다.

『마루 밑 바로우어즈』에서 어린이가 동일시하기 쉬운 소인이라는 존재로 인간의 폭력성을 비판했듯 『워터십 다운』역시 토끼라는 초식 동물을 주인공 삼아 자연과 생명을 파괴하는 인간을 비판한다. 토끼들이 서식지인 샌들포드 마을을 떠나야 했던 이유는 택지로 개발됐기 때문이고 탈출한 몇 외에는 몰살당한다.

[5] 앞의 책, 143쪽. '잉간'은 인간을 일컫는다.

"동물은 인간과 달라. 물론 싸워야 할 때는 싸우고 죽여야 할 때는 죽이지. 하지만 가만히 앉아서 머리를 굴려 가며 다른 동물의 삶을 망치고 상처를 주진 않아. 동물은 존엄성과 동물성을 가지고 있는 존재야."[6]

『워터십 다운』은 다양한 캐릭터의 토끼들이 원래 살던 곳을 떠나 서로 존중하며 새 터전을 건설하는 과정을 그린다. 통찰력, 권위, 명민함, 용기, 재치 등 각자 다른 역량과 성향을 지닌 토끼들이 협력하는 모습은 공동체 속 존재인 인간의 삶을 생각하게 한다. 또한 이 과정에서 조우하는 상자 속에서 사육되는 토끼들, 야생에서의 생존을 위해 자유를 통제하는 토끼 군집 등은 인간 사회의 다양한 제도를 암시한다.

『워터십 다운』에서 독보적인 존재는 민주적인 리더 헤이즐도, 전사 빅윅도 아닌 예언자 파이버다. 파이버의 예지와 통찰력으로 샌들포드에 닥친 위험을 알고 탈출할 수 있었고, 매번 위험한 상황을 감지해 안전한

[6] 리처드 애덤스, 햇살과나무꾼 옮김, 『워터십 다운』(사계절, 2003), 396쪽.

김유진

길을 찾으며 워터십 다운에 새 마을을 만들 수 있었다. 위험을 모른 채 눈앞의 풍요에만 심취한 다른 토끼들에게 "가야 해. 저 언덕 지대에 닿을 때까지."라는 파이버의 외침은 판타지 문학이 환상을 통해 구축하고 지향하는 이상을 떠올리게 한다.

현실의 나쁜 어른에 맞서는 어린 초인들

어린이문학에서는 어른의 억압을 환상으로 돌파하는 어린이 주인공들을 종종 만날 수 있다. 1945년 출간된 아스트리드 린드그렌의 동화『내 이름은 삐삐 롱스타킹』의 삐삐는 어른의 간섭을 받지 않고 홀로 제 돈과 괴력으로 살아가는 천방지축 말괄량이로 잘 알려져 있다. 그러나 그 캐릭터의 진가는 그가 '진정한 초인'이라는 데 있다. 즉 삐삐는 "본디 주인으로도 노예로도 살아가기를 거부하며, 자기 자신의 가치체계를 따르고, 자신의 힘을 주로 좋은 일에 사용하는, 다스릴 수 없는 충동적 존재"[7]로 창조되었다.

로알드 달의『마틸다』(1988)에 이르면 어른의 학

현실 세계는 물론 소설의
결말과 다르다.
현실은 크리스마스도 없이
계속되는 겨울이거나,
토끼 사육 농장에 가깝다.

김유진

그럼에도 판타지
어린이문학은
이상을 향한 열망을 결코
잃지 않으며 이상을
작품 안에 선취해 놓는다.

대와 방임에 적극 대항하는 어린이 주인공을 이제 영화나 뮤지컬로도 쉽게 만나 볼 수 있게 된다. 마틸다는 자신을 '이마에 난 부스럼 딱지보다 못하게 여기며' 학대하고 방임하는 부모에게 크고 작은 복수를 벌인다. 뛰어난 지력으로 부모를 골탕 먹이는 우스꽝스러운 복수극은 가정을 넘어 학교로 나아가면서 개인적 복수 이상의 의미를 띤다. 학생들을 학대하는 트런치불 교장에게 대항하는 순간, 이는 마틸다 개인의 일이 아닌 어린이 모두의 일이 된다.

마틸다는 염력으로 물건을 움직여서 교장의 악행을 밝히고, 어린 시절 법적 보호자였던 교장에게 학대당하고 아버지의 유산까지 뺏긴 하니 선생님의 권리를 되찾아 준다. 어린이가 나쁜 어른들에게서 자신을 보호하고 대항하는 데서 나아가 다른 어린이들, 그리고 과거에 학대당한 어린이의 고통과 억울함까지 해소해 주는 것이다. 마틸다가 친부모를 떠나 하니 선생님과 살게 되는 결말은 어린이가 자신의 힘으로 보호자를 선택한 행위이며, 이는 환상으로 가능했다. 어른의 규

[7] 옌스 안데르센, 김경희 옮김, 『우리가 이토록 작고 외롭지 않다면: 아스트리드 린드그렌 전기』(창비, 2020), 212쪽.

김유진

율과 체제를 따라야 하는 존재인 어린이가 자신의 힘
으로 세계를 만들어 내는 능력은 아무래도 현실이 아
닌 환상에서 가능할 것이기 때문이다.

모험을 떠났다가 집으로 돌아오기

모리스 샌닥의 그림책 『괴물들이 사는 나라』에서, 장
난을 치다 엄마에게 혼나고 방에 갇혀 있던 맥스는 배
를 타고 먼 바다로 나아가 일 년간 항해하다가 괴물 나
라에 도착해 괴물들의 왕이 되어 맘껏 논다. 1963년 출
간된 이 그림책은 토끼나 다람쥐가 예쁘게 나와 교훈
을 전하던 당시 그림책과 전혀 달랐기 때문에 혹평과
보이콧이 쏟아지는 등 논란을 일으켰다. 하지만 현실
에서 억압된 어린이가 환상으로 탈출하는 구조는 이제
어린이문학에서 익숙한 서사로 자리 잡았다.

맥스는 놀다가 괴물 나라 왕을 그만두고 다시 집
으로 돌아오는데, 돌아온 방에는 따뜻한 저녁 식사가
차려져 있다. 모험(탈출)과 회귀의 서사는 어린이 독자
에게 해방감과 안정감을 동시에 건네준다. 이때 회귀
는 원래 현실에의 안주가 아니라 환상을 품은 새로운

현실의 창조다.

크리스 반 알스버그의 그림책『북극으로 가는 기차(The Polar Express)』(1985)에서도 모험과 회귀의 서사를 확인할 수 있다. 크리스마스 이브에 산타 나라를 여행한 주인공은 산타에게 썰매의 은방울을 선물받지만 곧 잃어버리고 만다. 하지만 다음 날 아침 트리 뒤에서 은방울을 다시 찾는데, 이는 환상이 결코 헛된 꿈이나 망상이 아니었다는 걸 알려주는 판타지 문학의 오래된 트릭이다. 환상이 진짜였다는 증거물은 독자를 서사 속으로 이끄는 역할을 할 뿐 아니라 환상 체험 후 현실이 이전과는 달라졌음을 강조한다.

결국 선이 승리하는 이상 세계

C. S. 루이스의 '나르니아 연대기 시리즈'(전 7권, 1950)는 널리 알려졌듯 그리스도교적 세계관이 반영된 작품이다. 주인공 사 남매를 '아담의 아들, 하와의 딸'이라고 부르는 것부터 사자 아슬란의 죽음과 부활 사건,[8]

[8] "배신 행위를 범하지 않은 자가 배신자를 대신하여 스스로 자신의 생명을 희생의 제물로 바칠 경우에는, 바위 탁자가 깨어지고 죽음 자체

김유진

빵 다섯 개와 물고기 두 마리로 오천 군중을 먹였다는 예수의 기적을 떠올리게 하는 에피소드[9]에 이르기까지 확연히 드러난다. 특히 시리즈의 마지막 권 『최후의 대결』에 이르러서는 선악의 대결에서 나아가 종말과 구원에 관한 서사가 더욱 분명해진다.

나르니아 연대기가 그리스도교적 세계관에 바탕해 창작된 건 두말할 나위 없지만 선악의 투쟁에서 궁극적으로 선이 승리하는 이상은 사실 대개 판타지 어린이문학의 공통분모다. 실라 이고프(Sheila Egoff)는 『내부의 세계(World Within)』에서 "판타지가 우리를, 모든 것이 조화를 이루며 하나가 되어 있던 원초적 세계의 진실로 데려간다."고 말한다.[10] 나르니아 연대기의 그리스도교적 세계관은 그러한 판타지 문학의 기반 위에 자리한다. 하얀 마녀에게 넘어가 배신을 행한 에드먼드를 구하기 위해 자신의 목숨을 희생하고 부활

가 거꾸로 움직이기 시작하여 희생자는 다시 살아나게 된다." C. S. 루이스, 전경자 옮김, 『사자와 마녀와 옷장』(성바오로, 1991), 133쪽.
[9] "아슬란이 그 모든 무리들에게 어떤 방법으로 음식을 제공해 주었는지는 나도 모르는 일이다 그러나 어떤 방법이었든 간에 8시쯤 되었을 때는 모두들 풀밭에 앉아 맛난 간식을 즐기고 있었다." 위의 책, 148쪽.
[10] 김서정, 『멋진 판타지』(굴렁쇠, 2002), 55쪽에서 재인용.

하는 아슬란은 분명 예수의 상징인 동시에 선의 궁극적 승리에 대한 상징이다. 아슬란이 돌아오자 끝없는 겨울은 만물의 생명이 피어오르는 봄으로 변한다.

환상 세계인 나르니아에도 악이 존재하고 선악이 대결하지만, 이는 더 완전한 선과 궁극의 조화로 나아가기 위한 과정이다. 다른 판타지 어린이문학 작품에서 소인들이 인간 사회를 비판하고, 어린 초인들이 나쁜 어른에 맞서고, 모험과 회귀를 오가는 건 모두 나르니아와 같은 이상 세계를 추구하는 희망의 도정으로 볼 수 있다. 안전, 신뢰, 평등, 존중 등 너무나 당연하고 소중하지만 실은 얼마간 잊거나 포기하고 살아가는 삶의 가치와 방향성을 끊임없이 상기하는 일. 아마도 어른의 문학과 달리 어린이문학이 가장 구분되게 강조하는 지점일 것이다.

결코 도달하지 못할,
그러나 포기할 수 없는

물론 현실 세계는 판타지 어린이문학의 결말과 다르다. 현실은 '크리스마스도 없이' 계속되는 겨울이거나,

토끼 사육 농장에 가깝다. 마틸다처럼 학대받는 어린이가 외부 연대 없이 제힘만으로 탈출하는 일은 현실에서 거의 불가능하다. 신종 바이러스 시대에 시민으로서의 의무를 가장 잘 지키며 별다른 해악을 발생시키지 않아도, 유치원도 학교도 못 가고 가장 고통 받는 집단이 바로 어린이인 것처럼.

그럼에도 판타지 어린이문학은 이상을 향한 열망을 결코 잃지 않으며 이상을 작품 안에 선취해 놓는다. 문학 작품을 압도하는 혼란하고 암담한 현실에서 문학의 환상은 이고프가 말한 '원초적 진실의 세계'를 끝까지 포기하지 않고 상기시킨다. 현실을 때로 돌파하고, 때로 비판하는 환상. 인류가 여태 도달하지 못했고 어쩌면 결코 도달하지 못할 희망, 그러나 포기할 수 없는 세계에의 열망이 판타지 어린이문학에는 있다.

잔혹한 낙관에서 깨어나기

교육학을 전공했으며 지역 대학에서 비정규직 강사로 일하고 있다. 신자유주의 교육의 정동을 비판하고, 취약성과 타자성에 기반을 둔 교육 철학을 모색하고자 한다. 주디스 버틀러의 윤리학을 중심으로 박사 논문을 준비 중이다. 논문 「생태주의와 생태 리터러시의 교육적 함의」, 「과도한 교육열과 신자유주의적 불안의 관계」 등을 썼다.

박지원

[주요어] #K-교육 #잔혹한낙관주의 #코로나19
[분류] 교육학 > 교육사상

교육의 약속과 부서지는 마음들

교육은 좋은 미래를 약속한다. 나는 이 문장이 교육에 대한 가장 포괄적인 정의가 아닌가 한다. 교육은 경제적 풍요와 사회적 인정을 보장하기도 하고, 국가와 시민 사회의 발전을 도모하거나, 소박한 인간적 행복을 약속하기도 한다. 이처럼 교육을 둘러싼 욕망은 각기 다르지만 모두가 교육을 통해 모종의 좋은 삶을 그리고 있는 것만은 분명하다. 교육은 저마다 원하는 삶을 반드시 가져다주어서가 아니라, '좋은 미래'라는 두루뭉술한 약속을 제공하기 때문에 신성한 제도가 될 수 있다.

우리는 이 추상적인 약속을 흔히 '꿈'이라 부른다. 학령기에 접어든 개인은 꿈이 무엇인지를 지속적으로 질문받으며 '미래의 좋은 나'에 대한 상상적인 애착을 키워 간다. 거꾸로 말하면 미래라는 환상을 더는 재생산할 수 없을 때 교육은 존립을 위협받을 것이다. "네 꿈은 무엇이니?"라는 질문은 사실상 교육의 자기 확인 작업인 셈이다.

그러나 우리는 일상적으로 교육의 약속이 도달한 디스토피아를 체험하곤 한다. 최근 인천공항 노동자 정규직 전환을 둘러싼 논란은 대표적인 사례다. 2020년 6월 인천공항이 비정규직 노동자 1900여 명을 정규직으로 전환한다고 발표하자 거센 반발이 일었다. 언론을 통해 확산된 반발의 요지는 취업 시장의 공정성을 해치고 취업 준비생에게 상대적 박탈감을 심어 준다는 것이다. 급기야 공기업의 비정규직 정규직화에 반대하는 청와대 청원이 30만 명을 돌파하기도 했다. 이는 결코 낯설지 않은 사태다. 이화여대 입학 부정, 숙명여고 성적 조작, 정치인 자녀에 대한 입시 특혜 의혹까지 지난 몇 년간 대중을 분노케 했던 사건의 중심에는 항상 교육이 있었다.

박지원

이 글에서는 일의 경중이나 개별 잘잘못을 떠나 여기에 개입된 정서들에 주목해 보자. 사건들에서 공통적으로 발생한 박탈감과 분노는 교육이 '전쟁'에 비유되는 사회가 만들어 낸 지극히 교육적인 감정이다. 이는 교육이 약속한 세계, 즉 공정한 경쟁을 통해 좋은 미래를 쟁취할 수 있는 세계를 부정당한 것에 대한 배신감이다. 뜨거운 감정의 온도는 한국 사회가 교육의 약속을 열렬히 믿고 있었다는 증거이기도 하다. 정규직이 된 또래 청년, 그걸 허락한 사회에게 빼앗긴 무언가는 다름 아닌 교육이 약속한 꿈이었던 것이다. 그들의 분노는 교육의 꿈과 함께 부서진 마음의 일부다.

교육의 꿈을 향한
잔혹한 낙관주의

정동 연구자 로렌 벌랜트는 불확실한 꿈에 매달리는 현대인의 마음을 '잔혹한 낙관주의'라는 독특한 개념으로 설명한다.[1] 권력 기관의 금지와 통제가 작동하

[1] 로렌 벌랜트, 최성희 외 옮김, 「잔혹한 낙관주의」, 『정동 이론』(갈무리, 2015).

지 않는 신자유주의 시대에 미래에 대한 기대와 할 수 있다라는 긍정적 자기 관념은 개인을 자발적으로 생산에 뛰어들게 하는 핵심적인 생산 토대가 되었다. 벌랜트에 따르면, 낙관이라는 정동은 일상 곳곳에 침투하여 개인을 피폐하게 만든다. 잔혹한 낙관주의는 대상이 제공하는 약속이 너무도 절실한 나머지, 약속의 실현 가능성이 매우 희박함에도 낙관의 끈을 부여잡은 채 상실의 순간을 유예하려는 욕망이다. 좋은 성적을 얻기 위한 학업 경쟁, 강박적인 다이어트, 헤어진 연인에 대한 집착 등이 그 사례다. 잔혹한 낙관은 한계에 다다를 때까지 공부하고 식단을 조절하는 등의 자기 착취에 의해 지탱되지만, 낙관의 주체는 자기 자신을 희망찬 상태로 인식할 뿐 아니라 그 나름의 노력을 계속하기 때문에 언뜻 의욕적이고 활기차 보이기까지 한다.

잔혹한 낙관주의는 "실현이 불가능하여 순전히 환상에 불과하거나, 혹은 너무나 가능하여 중독성이 있는"[2] 대상을 향해 작동한다. 로또 당첨의 꿈은 전자의 대표적인 사례이다. 로또는 일상의 위기와 곤란을

---

[2] 위의 책, 162쪽.

박지원

단번에 해결해 줄 데우스 엑스 마키나(deus ex machina, 고대 그리스 연극에서 쓰인 무대 기법의 하나. 기중기와 같은 것을 이용하여 갑자기 신이 공중에서 나타나 위급하고 복잡한 사건을 해결한다.)의 현현을 약속한다. 천문학적인 당첨 확률은 로또를 더 중독적인 것으로 만드는데, 이는 불가능하기에 오히려 초월적으로 평등하기 때문이다. 개인은 불가능한 환상에 값을 지불함으로써 일상에서는 생소하기 그지없는 '온전한 기회의 평등'을 일시적으로 경험한다. 반면 후자는 철저히 실현 가능성에 기대는 환상으로, 교육의 꿈이 바로 여기에 속한다. 교육은 기본적으로 낙관에 근거하고 있으며, 교육이 약속하는 미래는 우리 사회가 제공하는 환상 가운데 가장 현실적이다. 그러나 실현 가능하다는 느낌 때문에 교육은 오히려 더 치명적인 결과를 낳곤 한다. 로또는 지나치게 환상적이므로 실패하더라도 특별한 외상을 남기지 않지만, 교육의 꿈은 언제나 가능한 것처럼 여겨지기 때문에 학습자를 끊임없이 미래의 꿈에 매달리고 현재의 삶을 유예하도록 만든다.

주체가 스스로를 마모시키면서 불확실한 유예에 동참하는 까닭은 무엇일까. 벌랜트는 낙관주의가 실현 가능성보다는 '대상에 근접해 있다는 감각'에 의지한다고 말한다. 낙관적 주체들이 기대하는 '좋은 삶'이란 대개 자아 실현, 표준 몸무게, 좋은 연애 상대, 정상 가족, 정규직 등과 같은 사회적 정상성의 범주에 속한다. 달리 말하면 낙관주의는 정상성에 관한 욕망이고, 이는 곧 '나는 아직 괜찮다'는 환상을 스스로에게 되뇌는 과정이다. 정상에 포함되기 위해 비정상적인 노력을 기울여야 한다는 사실만으로 이미 허상임이 증명된 셈이지만, 어쨌거나 정상을 추구하고 있으며 그에 근접해 있다는 사실만으로도 주체는 안도감을 느낄 수 있다. 마찬가지로 교육적 낙관주의는 사당오락(하루에 네 시간 자면 대학 가고 다섯 시간 자면 대학 못 간다.) 괴담에서, 아슬아슬한 공무원 시험의 커트라인에서, 평범한 타인의 극적인 성공담에서, 청년 멘토의 진심 어린 응원에서, 친구의 행복한 인스타그램 게시물에서 생겨난다. '이 순간만 넘어가면……'이라는 닿을 듯 말 듯한 근접의 감각이 교육에 매달리게 만든다.

공교육은 꿈이라는 환상을 가장 경제적이고 체계적인 방식으로 재생산하는 장치다. 교육 제도는 추상적인 꿈을 교과, 역량, 점수, 등급 등으로 물화하고, 학

박지원

교 규범은 꿈을 이루기 위해 현재의 쾌락을 기꺼이 통제할 줄 아는 근면한 인간상에 가치를 부여한다. 학교가 생산하는 꿈-환상의 본질은 '꿈은 반드시 이루어진다.'라는 식의 낭만적 기대보다는 '꿈을 위해 노력하는 삶이 도덕적이고 아름답다.'라는 명령에 가깝다.[3] 나아가 꿈-환상은 신자유주의적인 삶의 조건 속에서 '무엇이든 꿈꾸어야만 살아남는다'라는 절박한 생존의 구호가 되기도 한다. 한국 특유의 과도한 교육열 또한 꿈-환상에 기대고 있다. 한국 사회에서 아동 학대에 가까운 학원 돌림은 '각박한 세상에서 살아남기 위한 어쩔 수 없는 선택'이라는 시장 논리, '인적 자원의 확보'라는 국가적 목표, '사랑하는 내 아이의 장래를 위해서'라는 가부장적인 가족 윤리에 의해 복합적으로 정당화된다. 그 틈에서 빚어지는 교육의 꿈은 개별 주체들로 하여금 지난한 교육의 과정에 기꺼이 동참하도록 만든다. 꿈의 명령이 때로 너무도 버겁거나 불안할지라도 말이다.

[3] 김홍중, 『사회학적 파상력』(문학동네, 2016).

공정성과 자유 의지,
교육의 환상을 지탱하는 두 다리

교육에 몰두할수록 더 좋은 삶을 누릴 수 있다는 환상은 공정성과 자유 의지라는 커다란 두 축에 의해서 지탱된다. 공정성과 이를 보장하는 능력주의는 교육의 꿈을 가능하게 하는 가장 기초적인 룰이다.

한국 사회에서 공정성은 조롱의 대상이 된 지 오래로, 공정한 사회를 향한 희망은 흙수저와 금수저라는 날선 현실 감각으로 대체되었다. 이러한 냉소적인 태도는 얼핏 한국 사회가 공정의 불가능성을 간파하고 있다는 사실을 보여 주는 듯하다. 그러나 입시나 취업처럼 교육과 관련된 문제에서는 유독 공정성에 대한 집착이 두드러진다. 제도 교육을 주도하는 정부와 정치 담론은 여전히 '계층이동 사다리 회복'이라는 협소한 공정의 구호를 놓지 못하며, 수시냐 정시냐, 실무 경험이냐 시험 점수냐를 둘러싼 돌고 도는 논쟁들은 더 큰 공정성을 실현할 수 있다는 환상 속을 맴돈다. 이러한 능력주의 윤리는 중산층의 욕망을 선별적으로 충족시킨다. 공정한 교육이 가능하다는 환상 속에서

박지원

사교육에 투입되는 기성 세대의 자본은 여전히 정당한 노력으로 인정되는 반면, 소외 계층에 기회를 제공하여 불공정한 격차를 메워 보려는 시도들은 '능력도 부족하면서 감히 명문대나 좋은 직장에 들어온 자'에 대한 멸시와 분노를 낳는다. 능력주의 신화가 지배하는 사회에서 생존을 위한 각자 나름대로의 노력은 위계화되고, 점수화된 '능력'에 따른 차등적 분배만이 유일하게 정의롭다 여겨지며, 타인의 고통은 나에게 기회가 된다.

한편 교육의 꿈은 내면에 잠재된 고유한 가능성을 자유 의지를 통해 조탁해 가는 과정이다. 자아실현, 자기 계발과 자기 주도 학습, 개성과 창의성 등을 강조하는 '학습자 중심주의 교육'은 소위 주입식 교육이라 불리는 낡고 보수적인 교육관을 극복하는 해방적인 대안으로 받아들여진다. 이러한 교육의 궁극적인 형태가 자기 교육인데, 이 또한 경제적 꿈과 결합할 때 자기 착취적인 성격을 띠게 된다. 현대 사회에서 자기 교육의 목록은 계속해서 늘어나 이력서용 '스펙' 외에도 도발적이고 창조적인 아이디어, 건강하고 아름다운 몸, 교양과 개성적인 취미, 감각과 스타일, 모나지 않은 성

공정도 자유도
믿지 않지만
그 가능성을 놓지도
못하는 것.
이러한 역설이 오늘날
교육의 꿈을 구성하고 있다.

박지원

학생들은 입시 제도의
불공정성을 알면서도
한 등급이라도 더 올리려
공부에 매달리고,
취업 준비생들은 채용 비리
뉴스가 연일 보도되어도
조금이라도 더 높은
토익 점수를 얻기 위해
도서관으로 향한다.

격, 고난을 탄력적으로 극복할 수 있는 태도까지 경제적으로 유용한 모든 것을 요구하기에 이르렀다. 이러한 조건 속에서는 가끔씩 솟아나 마음을 간지럽히는 비경제적인 꿈들도 어느새 자본의 꿈으로 물들어 버리곤 한다. 꿈이 시장에서 멀어질수록 개인에게 요구되는 자기 교육은 더욱 미시적인 형태로 진화하기 때문이다. 기업에 취직하는 것보다 독립 출판 작가로 살아남는 과정이 더 자기 착취적일 수 있는 것이다.

교육을 향한 낙관적 기대를 잔혹하게 만드는 구조들은 공정성과 자유 의지라는 강력한 기제에 의해 은폐된다. 구조적인 고통은 개인적이고 일반적인 것이 되고 계급, 젠더, 장애, 지역 등 복잡한 정체성에 걸쳐 있는 고난들은 탈정치화된다. 이때 개인에게 남는 것은 일상적인 절망감이다.

교육을 통해 꿈꿀 수 있는 미래는 점차 왜소해지고 있다. 이제 보통의 사람들은 교육을 통해 자아 실현도 부자 되기도 아닌 '근근이 살아가기'를 희망한다. 그럼에도 삶에 수반되는 실패와 고난이 온전히 개인의 몫으로 남아 있는 한, 교육의 꿈은 여전히 유효하다. 교육의 꿈이 허상이고 그 결과가 겨우 덜 절망하는 것에 불과할지라도, 교육은 조작 불가능한 현실을 잠시라도 손에 닿을 듯한 감각으로 변환해 주기 때문이다. 공정도 자유도 믿지 않지만 그 가능성을 놓지도 못하는 것. 이러한 역설이 오늘날 교육의 꿈을 구성하고 있다. 학생들은 입시 제도의 불공정성을 알면서도 한 등급이라도 더 올리려 공부에 매달리고, 취업 준비생들은 채용 비리 뉴스가 연일 보도되어도 조금이라도 더 높은 토익 점수를 얻기 위해 도서관으로 향한다. 시험 점수나 자격증만이 그나마 지금 당장 손에 잡히는 것이기 때문이다. 교육을 통해 얻을 수 있는 미래에 대한 '희미한' 통제감은 잔혹할지언정 개인으로 하여금 절망을 버텨 내게 한다. 이 위태로운 꿈의 끝에서 우리는 무엇이 될까. 모든 꿈이 그러하듯 교육의 꿈에는 결말이 없다. 끊임없이 새로운 욕망을 부추기는 자본주의 사회에서, 교육이 약속하는 '좋은 삶' 역시 영원히 이루어지지 않는다.

그 과정에서 우리는 결코 괜찮지가 않다. 교육의 주체들이 한계치를 넘어 내면의 자원을 쥐어짜는 순간 부서진 마음들이 우수수 쏟아져 내린다. 그것은 우울과 불안, 소진, 체념, 냉소, 자기합리화, 무기력 등으로 불리는 환상의 부산물들이다. 교육의 꿈이 낳는 가장 잔혹한 결과 중 하나는 아마도 번아웃일 것이다. 번아웃은 낙관을 불가능한 지점까지 몰아붙여 종국에는 낙관을 수행하는 몸까지 모조리 불태워 버린 상태다. 희망과 번아웃 사이에서 경험하는 체념과 우울, 소진 등 부정적인 정동은 실존적인 운명이나 성장을 위해 마땅히 감당해야 할 무형의 값이 아니다. 어쩌면 그것은 잔혹한 교육의 명령에 대한 몸의 투항일지도 모른다.

코로나 시대, 멈춰 서서
안부를 묻는 일

그렇다면 교육은 무엇이 되어야 하는가? 낙관으로 인해 우울하고 소진된 이들에게 어떤 처방을 내려야 하는가? 교육의 낙관주의에 대한 비판이 반교육으로 흐르는 것은 아닐까? 잔혹한 환상에 대한 성찰이 냉소와 허무와 절망이 아닌 또 다른 희망으로 이어질 수 있을까? 나는 어렴풋하게나마 교육의 약속이 생생한 현재를 향해야 한다고 말하고 싶다. 이는 꿈을 모조리 폐기하는 것이 아니라, 절망과 희망이 혼재되어 있는 지금

박지원

의 삶을 회복하는 것이다. 당장의 슬픔을 외면하지 않을 때, 잔혹한 환상을 대체할 생생한 기쁨 또한 감각할 수 있지 않을까.

코로나 시대에 우리는 우연히도 낙관적 환상의 정체가 밝혀지는 순간들을 마주하고 있다. 재택 근무 환경에서 오가는 '건강히 지내시라'라는 관성적인 인사말은 인간의 취약성을 드러내는 의미심장한 메시지가 되었다. 여기에는 당신과 내가 얼마나 높은 확률로 살아서 재회할 수 있는가에 대한 의심이 담겨 있다. 재난이 우리에게 일깨운 것은 미래의 꿈이 아닌 현재의 삶이고, 죽음이라는 보편적이고도 필연적인 삶의 조건이다. 일상이 된 죽음의 가능성은 성장의 꿈 대신 중지의 순간들을 숙고하도록 한다. 잔혹한 낙관주의란 결국 상실의 순간을 유예하는 것, 달리 말해 슬픔의 폐제[4]를 의미하기 때문이다.

강의실은 닫혔고, 영어 시험은 연기되었으며, 해

[4] 폐제(foreclosure/forclusion)는 어떤 대상의 존재 자체를 인정하지 않는 정신분석적 기제를 의미한다. 유사한 기제인 부인(denial)은 불쾌한 현실을 회피하려는 경향인 반면, 폐제는 그 현실을 처음부터 일어나지 않은 것으로 치부한다. 이는 원래 저당물의 반환권 상실을 가리키는 법률 용어였는데 라캉이 정신분석학의 개념으로 차용했다.

외 연수도 언제 가능할지 알 수 없게 되었다. 학회가 취소되고 유학 계획이 무산되자 학생들은 뜻하지 않게 멈춰 서서 뉴스를 보고 안부를 묻기 시작했다. 일상이 중지된 순간들과 그 안에 깃든 죽음의 의미를 오롯이 마주하고 충분히 슬퍼하는 것은 잔혹한 꿈에서 깨어나기 위한 첫 번째 투쟁이 될 수 있을 것이다.

박지원

어두운
사건들을
통과하기

홍익대 미학과에서 벤야민과 독일 낭만주의를 연구했고, 베를린
자유대 철학과에서 베른하르트 초기 작품의 숭고와 환상 개념에
관해 논문을 쓰고 있다.

임보라

[주요어] #토마스베른하르트 #불안 #현실적환상

[분류] 문학 > 독일현대문학

지금도 여전히 뚜렷하게 정의할 수 없지만, 과거의 나에게 바다는 어디가 끝인지 헤아릴 수 없는 것이었다. 파도치는 물결을 보고 세찬 물소리를 들으면서도 그 안에 무턱대고 뛰어들면 어떤 상황이 닥칠지 예측도 못 했던 어린 시절 나는 아버지에게 안겨 파도를 타러 들어갔다. 나는 그 순간을 굉장히 강렬한 장면으로 기억한다. 그때 우리는 예상치 못한 강한 파도에 휩쓸려야만 했고 그러다가 바닷바위에 닿은 채 파도가 이끄는 방향으로 저항할 수 없이 쓸려 갔다. 아버지가 안고 있었지만 바위 표면에 긁혀 내 다리에는 피가 흘렀다. 그러나 그때 그 일은 두려움도 시련도 아니었고 즐거운 모험이었다.

성인이 된 나는 다시 한 번 물과 대면한다. 나는 물을 보는 것만으로도 불안과 공포, 긴장과 위협을 느낄 수밖에 없었다. 그러나 물이 얼마나 차가울지, 보트가 달리는 속도가 얼마나 될지, 물에 빠졌을 경우 어떻게 대처해야 할지 등에 대한 계산은 승선하기 전, 구명조끼를 걸치는 순간 잊었다. 동승할 친구들이 하나둘 보트 위에 올라타는 것을 지켜보면서 불안이라는 단어 또한 희미해졌던 것이다. 두려움을 잊고 강물 위를 달리던 그때 보트가 뒤집히는 사고가 일어났다.

당시 나중을 생각하지 않고 물에 들어간 계기는 무엇이었을까? 어떻게 미지의 세계에 과감히 몸을 던질 수 있었던 걸까? 확실히 다른 결과를 초래하기는 했지만, 돌이켜 보면 두 경험에는 공통적으로 행동하기로 한 순간이, 바다 또는 강물에 대한 환상이 있다.

감각을 사유하는 정신, 이성을 사용하는 신체

인간은 언제 행동할까? 미래로 과감하게 뛰어드는 행위의 원인은 환상, 즉 상상 작용에서 찾을 수 있다.

인간의 감각이 행위의 결과에 관한 확실한 앎에 도달하기 전에 행동하려면, 미래를 상상하는 단계가 반드시 앞서 존재해야 하기 때문이다. 미래에 관한 상상은 완전히 구체적이고 논리적일 수는 없으며, 단지 방향성만을 제시해 줄 뿐이다. 한편 구체적이고 논리적인 사유는 예외 상황을 인정하지 않으므로 사건의 결과를 조금이라도 모호하게 예측하는 것은 오류로 본다. 사고는 행위의 동기로 작용한다기보다는 행위의 규범을 제시하는 근거로 작용하는 것이다. 다시 말해 상상은 '언제 행동할까', 사고는 '어떻게 행동할까'의 문제다.

그런데 이분법의 전통에 따르면 인간의 몸은 인간의 정신과 명백히 구분되며, 정신이 사유한다면 몸은 단지 감각하는 기관이다. 다만 정신과 몸, 사유와 감각의 구분이 결코 그 둘이 완전한 분리되어 기능한다는 의미는 아니다. 정신과 몸의 이분법을 통한 인간 존재의 이해는 인간을 구성하는 두 가지 실체에 반드시 우열이 있다거나 둘 중 하나가 존재의 근원이라는 이야기가 아니다. 인간 존재를 구성하는 두 실체는 각기 다른 개별적인 성질의 것일 수 있되 개별적으로 존재하는 것은 불가능하다.[1] 정신과 몸의 구분을 통한 인간 존재 이해는 감각하는 신체를 사유하는 이성과 분리시키는 것을 지적하는 데서 멈추지 않는다.

데카르트는 꿈과 현실의 구분이 때때로 모호해지거나, 감각 기관을 통한 정보가 상대적인 방식으로 수용되는 현상을 예로 들어 인간의 몸은 실재하는 것을 늘 그대로 감각하지는 않는다고 지적한다. 데카르트의 「제1성찰: 의심할 수 있는 것들에 관하여」는 인간의 정신과 몸을 완전히 구분하고 각기 다른 지위를 부여하는 이분법적 사고로부터 인간 존재를 이해하는 방식을 제시한다. 이를테면 감각을 담당하는 신체는 단지 인식함으로써 명백하게 자신의 존재를 증명할 능력을 지닌 정신과 구분된다. 한편 「제2성찰: 인간 정신의 본성에 관하여」에서 데카르트는 순수한 사유 자체만이 아

[1] René Descartes, hrsg. Isabelle Wienand, übers. Olivier Ribordy, *Der Briefwechsel Mit Elisabeth Von Der Pfalz: Französisch-Deutsch*(Hamburg: Meiner, 2015) S. 20~29. 특히 데카르트가 엘리자베스 폰 데어 팔츠에게 보낸 1643년 6월 28일 자 서신을 참조하면, 정신과 신체의 결합에 대한 구체적인 언급이 있으며 이 서신을 통해 데카르트의 이분법이 경직된 이해라기보다는 일종의 논리적 전략이었다는 것을 파악할 수 있다.

임보라

니라 감각 또한 인식으로 포섭되는 과정을 증명한다. 직접적인 감각은 순수한 사유와 엄연히 다른 성질의 것임은 분명하다. 하지만 인간은 감각을 사유하기도 하며, 신체를 이성적으로 사용하기도 한다는 것이다. 그렇다면 감각의 이성화 그리고 이성의 감각화와 같은 모순적인 결합과 상호 작용이 삶이며, 그 축적이 우리의 경험이자 기억이다.

몸과 정신의 모순적인 결합은, 앞서 언급한 미래로 과감하게 뛰어드는 행위의 원인으로서의 환상을 가능하게 한다. 이러한 맥락에서 환상은 '실현 불가능한 것을 상상하는 행위'에 국한되지 않으며, 무엇보다도 현실과 밀접한 연관이 있다. 우리는 환상이라는 개념을 내부에서 경험을 확장하는 일종의 사유로 접근할 수 있다. 경험이란 직접 겪은 사건일 수도 있고, 다른 사람의 이야기일 수도 있다. 나는 환상문학이나 판타지 장르에 등장하는 비현실적인 배경과 일어날 수 없는 사건들이 아니라, 가장 현실적이어서 혹독하고 그래서 비극적인 사건들을 마주함으로써 환상과 현실의 관계를 좀 더 실제적인 층위에서 이해할 수 있다고 생각한다. 말하자면 '현실적 환상'이다.

오스트리아 작가 토마스 베른하르트는 이러한 현실적 환상의 방향성을 다양한 '사건들'을 통해 서술한다. 1969년 초판이 출간된 베른하르트의 『사건들』은 짧은 31개의 글로 묶여 있으며, 각 글에는 제목이 따로 붙어 있지 않다. 대신 첫 문장의 첫 단어를 굵게 표시해 두어 그것이 제목처럼 목차에 나열되어 있다. 베른하르트 초기 작품에 속하며 그의 전체 작품 세계를 관통하는 인간에 대한 날카로운 관찰과 적나라한 묘사가 주를 이룬다. 그는 이야기에 등장하는 인물을 불편을 넘어서 극단으로 내몬다. 인물들은 죽거나 도망치고 외면하고 역겨워한다. 상황은 인물들을 필연적으로 그럴 수밖에 없음으로 옭아맨다. 그것은 이야기를 극적으로 몰고 가려는 의도에서 조성된 세계가 아니라, 인간 본성 자체이다. 베른하르트의 단편집 『사건들(Ereignisse)』[2]에는 단지 구체적인 상황이 있고 묘사가 있으며 그것은 부정할 수 없는 인간의 본성, 즉 욕망과 밀접하게 닿아 있다. 그리고 어두움에 밀접하게 닿아 있다.

[2] 이하 번역은 필자의 것이며, 다음 책을 저본으로 삼았다. Thomas Bernhard, *Ereignisse*(Frankfurt am Main: Suhrkamp taschenbuch 2309, 1994).

#1 달아나는 여자

욕망이 삶의 원동력이라는 것은 부정하기 어려운 가설이다. 욕망은 지금 이 시간과 공간이 불편하다는 사실을 인지하는 순간 생동하기 시작한다. 갑자기 인간은 욕망을 통해 그 본성의 어두움과 대면하는 운명의 순간에 처하게 된다.

「담배 가게 여자」에서 여자가 세상을 바라보는 렌즈는 담배 가판의 작은 창이다. 그 창을 통해 볼 수 있는 것은 늘 같은 그림이다. 매일매일이 흐르지만 "지난 13년간 이 광경은 변함없이 그녀의 국카스텐 앞에 펼쳐졌다." 그녀의 일상은 13년의 시간 동안 마치 멈춰 있는 것 같았다. 담배로 가득 찬 작은 컨테이너 박스 안에서 하루를 보내는 동안 그녀가 보는 풍경은 마치 몇 컷의 사진이 담긴 또 다른 상자나 다름없었다. 토마스 베른하르트는 '국카스텐(Guckkasten, 만화경으로도 텔레비전으로도 새길 수 있다.)'이라는 단어로 그녀의 한정된 공간과 반복되는 시간을 묘사한다. 이러한 묘사를 통해 독자는 삶이라는 단어에서 생동감 대신에 권태를 떠올린다. 블라우스 단추 틈새로 비집고 나올 듯한 그녀의 짓눌린 가슴은 마치 담배 가게에 앉아 있는 그녀 자체인 것처럼 보인다.

그녀는 광장에 마치 짙은 안개가 피어나는 것 같은 광경을 보면서 토할 것 같았다. 한동안 그녀는 조금도 움직이지 않고 이 광경을 좀 더 강렬하게 지켜본다. 그러고 나서 그녀는 갑자기 다 상관없다는 듯 가게의 블라인드를 내려 버리고 돈 통을 빼내어 조심스럽게 장바구니에 집어넣고는 노상을 떠난다. 그녀는 다리를 건너 길을 따라 뛰었다. 모든 개방된 공간에서 풍겨 오는 노동자들의 탁한 냄새가 그녀의 등 뒤로 쏟아졌다. 그 역겨움이 그녀의 목을 조르기 시작했다.[3]

그녀는 잠시 회색 광장에서 눈을 떼고 하늘을, 나무 너머를 응시하면서 그녀에게 멈춰 버린 것 같은 시간을 그녀의 의지로 다시 한 번 멈춘다. 시선이 다시 국카스텐 속 잿빛 장면으로 돌아오자마자 그녀는 자신

[3] Ibid, S. 53~54.

임보라

이 국카스텐에 갇혀 있다는 것을 직감한다. 그녀는 하루 종일 쓸 일이 없던 두 다리로 다리를 넘고 뛴다. 일상을 박차고 나오는 순간이다.

#2 끝끝내 죽는 꿈

한편 반강제적으로 반복되는 일상은 의지를 체념으로 돌리기도 한다. 어느새 이미 결정된 일상, 이를테면 매일 일터에 나가서 노동을 대가로 임금을 받는 행위는 대부분의 삶에서 배제될 수 없는 요소일 것이다. 하지만 사회의 규칙을 따르며 보통의 삶을 살려면 소위 비이성적인 감각적 충동을 억누르는 대신 이성적이고 합리적인 의사 결정을 토대로 삼아야 한다. 이러저러한 규범과 질서 안에서 본인의 몫을 하는 대가로 삶의 안정을 보장받는다는 논리에 지배당하면서, 감각하는 신체는 무뎌지고 욕망은 마비된다. 이것은 본인이 처한 상황에 질문을 던질 이유를 찾지 못하는 상태이다. 또는 더 나은 대안을 찾을 수 없다고 스스로 체념한 상태이다. 물론 이는 개인적인 문제만은 아니고, 개인이 속한 사회가 가하는 강제이다. 하지만 개인은 늘 어딘가 불편하다는 사실을 의식하기 전까지, 그 모든 것은 자신이 원하는 바가 아니었음을 결코 알아차리지 못한다. 이러한 불편함의 실체를 우리는 꿈으로 경험하기도 한다.

그림자들이 귀가 중인 어떤 공사 노동자를 밀친다. 그림자들은 그를 강변에서 제압해 눕혀 버린다. 그가 가던 길을 재촉하고자 일어나려는 순간 그 그림자들은 여전히 그곳에서 그를 덮친다. 그들은 그의 웃옷을 벗기고 그를 강으로 내몬다. 그들은 그의 머리를 물속으로 밀어 넣고 긴 칼을 귓구멍 속으로 찔러 넣는다. 그들은 그의 숨이 넘어갈 때까지 그를 계속 물속에 붙잡아 두려 한다. 한편 그는 자기 의지와 상관없이 벌거벗은 채로 계속 걷는다. 다시 그 그림자들이 나타났고 그의 목을 조른다. 그들은 폭탄이 떨어져 만들어진 구덩이로 그를 던지고 묻어 버린다. 그는 다시 정신을 차리고 철둑을 따라 걷는다. 이제 그림자들은 그를 습격하여 어둠 속으로 집어 던진다. 그는 전보다 더 빨리 달려 달아나기 시작한다. 그러나 그 그림자들은 그를 쫓아와 찔러 죽인다.

임보라

그는 그들의 목구멍을 통해 그의 이름을 듣는다. 그들은 서로 끊임없이 맞부딪히는 돌덩이 사이로 그를 내던졌으며, 돌덩이는 그를 짓이긴다. 그는 바로 정신이 들었고 전등 스위치를 돌렸다. 침대에서 그는 곁에 있는 부인을 발견했다. 그는 웃옷을 걸치고 한 시간 여정으로 집을 나선다. 이른 시간 그는 자전거로 일터까지 가는 것이다.[4]

공사 노동자의 몸은 그의 의지로는 어쩔 수 없는 강력한 외부의 힘에 완전히 제압된다. 그의 몸은 던져지고 헤집어진다. 실체 없는 그림자들은 그를 끝끝내 죽인다. 그러나 그는 실체 없는 힘으로부터 그의 이름을 명확하게 듣는다. 순간 꿈에서 깨고 불을 켜지만, 살아 있는 한 계속될 것만 같은 예감이 드는 꿈이다. 베른하르트의 「그림자들」은 어쩌면 본인에게는 너무 당연해서 비극적일 수조차 없는 한 노동자의 꿈과 깨어남을 묘사한다.

[4] Ibid, S. 22.

#3 독재자 되기, 그리고……

순간 암울한 감정이 엄습해 온다. 불안이라는 감정에는 현재에 대한 불만족 그리고 다가올 시간의 질을 헤아릴 수 없다는 예감이 관계한다.[5] 인간이 최고로 불안하다고 느끼는 시점, 최고로 권태롭다고 느끼는 시점, 그리고 결정을 해야 하는 시점. 감정의 폭이 폭발적으로 증가하는 순간 인간은 방황한다. 그대로 있음이라는 시간의 질 안에서 견뎌야 할 것인가, 한 걸음 더 나아갈 것인가?

「독재자」는 독재자와 그의 구두닦이 이야기다. 백 명도 넘는 지원자들 가운데 뽑힌 구두닦이가 할 일은 독재자의 신발을 말끔하게 하는 것이 전부였다. 독재자의 구두를 닦는 가운데 구두닦이는 점점 독재자의 모습을 닮아 갔다. "그는 곧 독재자와 같은 풍채를 지니게 되었으며 독재자같이 고주망태가 됐고, 그 또한

[5] Wilhelm Schmidt-Biggemann, "Erwarten. Über die gegenwärtigen Formen der Zukunft", *In Erwartung eines Endes. Apokalyptik und Geschichte*. hrst. Helmut Holzhey/Georg Kohler(Zürich: Pano Verlag, 2001). S. 7~20.

임보라

머리카락이 빠지고 난 뒤로는 독재자처럼 생각하고 행동하기 시작했다."[6] 독재자의 측근들까지도 구두닦이를 두려워하게 된 어느 날 밤, 그는 신발을 손질하고 악기도 연주했으며 자기 가족에게 장문의 편지를 썼다. "이 나라에 이바지한 자신의 공로가 어찌나 대단한지"에 관한 것이었다. 그리고 또 다른 밤, 이때다 싶은 강렬한 충동에 구두닦이는 방 안으로 들어가 독재자를 깨우고는, 그를 때려죽인다. 구두닦이는 재빨리 옷을 벗고 죽은 독재자에게 자기 옷을 입힌 뒤 독재자의 제복을 걸친다. 자신의 모습이 실로 독재자와 다르지 않다는 확신이 들자 그는 나가서 '구두닦이가 자신에게 달려들었으며, 이에 대한 정당방위로 구두닦이를 때려눕혔고 그는 죽었다'고 말한다. 그 후 죽은 자의 시체는 옮겨졌고 그 뒤에, 남은 가족들에게 이 소식이 전해졌을 것이다…….

이런 환상은 어떤가? 어느 순간 각성된 욕망이 상황을 뒤집는다. 구두닦이는 편지를 쓰는 행위를 통해 본인의 관점으로 일상을 재해석하는 과정을 지나자 절

[6] Ibid. S. 58~59.

부정적이든 긍정적이든,
현실을 완전히 바꾸든
유지하든 간에
환상은 미래에 대한
희망과 연결된다.

임쁘라

그리고 희망은
과거에서 온다.

망적으로 큰 충동에 사로잡힌다. 그 자신이 속한 세계에서 가장 막강한 힘을 지닌 자가 자신이 아닐 이유가 이젠 없다. 누군가와 닮아 간다는 환상을 마치 현실처럼 인식하게 된 순간 그는 실제로 독재자가 된다. 완전히 뒤집힌 삶. 자신의 일상과 남의 삶을 뒤바꿔 버린 환상은 이렇게 완전히 상황을 역전시키는 행위의 동력인 현실적 환상이다.

위의 세 편의 이야기에서 보았듯, 환상은 일상을 멈추고 스스로에게 질문하는 순간 행위의 동력으로 변한다. 환상은 담배 가게 여자가 담뱃갑을 내어주는 일상과 하늘을 응시하는 사이, 구두닦이가 구두를 닦는 일상과 편지를 쓰며 일상을 돌아보는 시간 사이에 생성된다. 두려움을 잊고 물에 뛰어든 순간 이전에 나는 가만히 바다를 응시하고, 다른 사람들의 행위를 바라보며 환상을 통해 다음에 일어날 일에 대한 좌표를 얻었다.

그러나 우리는 여전히 어둠을 통과하는 중이다. 그림자들의 꿈을 견디고 다시 일상으로 복귀하는 노동자의 삶이, 앞으로 담배 가게 여자와 구두닦이에게 펼

임보라

쳐질 현실과 어쩌면 다르지 않을 수도 있다. 부정적이
든 긍정적이든, 현실을 완전히 바꾸는 순간을 지나든
유지하든 간에 환상은 미래에 대한 희망과 연결된다.
그리고 "희망은 과거에서 온다."(벤야민)

가상과
거짓의 철학

푸코의 관점에서 칸트 철학을 재해석하는 연구로 박사 학위를 받았다. 「네그리와 하트의 정치이론에서 자율의 의미와 조건」, 「칸트 비판철학에서 주체의 비동일성 문제」 등의 논문을 썼고, 『공통체』 등을 번역했다. 현재 고려대 철학연구소 연구교수로 재직 중이며, 주로 관심을 두고 있는 연구 분야는 현대 정치 철학과 커먼즈(commons)/공통주의(commonism) 이론이다.

윤영광

[주요어] #진리와가상 #관점주의 #거짓의역량
[분류] 철학 > 근대 독일 철학, 현대 프랑스 철학

삶에서건 철학에서건 진리와 진실의 가치는 대개 당연시된다. 그리고 진리와 진실의 가치가 높여지는 만큼 그 반대편에 있는 것, 즉 가상-환상-오류-거짓은 해롭거나 무가치한 것으로 취급되며 그보다 나은 경우에도 부차적인 것의 지위를 벗어나지 못한다. 그러나 철학의 역사에는 진리의 발밑이나 중심에서 가상을 보고 삶과 사고에 있어서 가상이 제거 불가능할 뿐 아니라 반드시 필요하기까지 하다고 말해 온 소수적 흐름이 있다. 이 흐름을 간략히 스케치하면서 가상과 진리의 관계와 더불어 양자가 삶과 맺는 관계를 생각해 보는 것이 이 글의 목적이다. 이 생각의 과정은 현재 우리 사고를 지배하는 구도를 뒤집었을 때 어떤 그림과 문제가 돌출하는지를 관찰할 수 있는 사유 실험의 성격도 일부 포함한다. 주제의 범위와 무게를 생각컨대, 물론 이 모든 것은 본격적인 것이라기보다는 '함께 생각함'을 위한 초대와 화두에 가까울 것이다.

칸트의 계몽과 가상

인간에게 가상이 불가피하고 불가결하다고 말하는 소수적 철학 계보에서 그 의외성으로 인해 눈에 띄는 인물은 아마도 칸트일 것이다. 일반적으로 칸트 철학은 서구 지성사에서 가장 명확하고 철저한 방식으로 가상-환상-오류-거짓을 배격했던 운동인 계몽주의의 정점에 있는 것으로 간주되기 때문이다. 그러나 적어도 칸트의 계몽주의는 계몽과 가상의 일방적 관계 위에 서 있지 않다.

잘 알려져 있듯이 칸트의 『순수이성비판』, 그중에서도 '초월적 변증학'은 신, 영혼, 우주에 대한 형이상학적 오류(가령 신이 실존한다는 관념)를 비판하고 그로써 인식적 진리의 기준을 경험에 확고히 정초하려는 철학적 기획이다. 당대의 수학이나 자연과학과 달리

철학이 학문다운 학문으로 정립되는 것을 가로막는 저 형이상학적 오류들이 이성의 초월적 가상(transzendentaler Schein), 즉 이성이 객관적 경험세계와 무관하게 만들어 내는 환상과 관련되어 있다는 것이 초월적 변증학의 중심 문제다. 이는 이성의 무오류성을 전제하고 외부의 악마나 감각의 속임에서 착오의 원인을 구했던 칸트 이전의 일반적인 철학적 오류론과 본질적으로 다른 접근이다. 오류와 가상의 원천은 이성 자신이며, 칸트의 작업이 감각 비판이나 악마 비판이 아니라 '순수이성비판'인 것은 바로 그 때문이다. 칸트적 의미의 계몽은 스스로에게 책임이 있는 미성숙에 대한 자기비판과 성숙을 향한 변화인바, 『순수이성비판』은 형이상학의 영역에서 인간 이성 스스로에게 책임이 있는 미성숙에 대한 비판이라는 의미에서 계몽의 작업을 수행하는 것이다.

그런데 이 계몽의 작업은 초월적 가상의 독특한 성격으로 인해 복잡해진다. 칸트는 형이상학적 오류의 원천인 가상이 제거될 수 없다고 말한다. 그것은 "인간 이성에서 몰아낼 수 없게끔 부착되어" 있는 "자연스럽고 불가피한 환상"이다.[1] 곧바로 문제가 발생한다. 어떤 방식으로도 초월적 가상을 제거할 수 없다면 형이상학의 오류에 대한 비판이 무슨 소용인가? 아니 소용 이전에 그것은 애초에 불가능하지 않은가? 이 문제를 해결하기 위해서는, 다시 말해 초월적 가상의 불가피함과 형이상학적 오류의 비판이라는 기획이 양립하기 위해서는 초월적 가상과 오류가 구분되어야 한다. 물속에 있는 막대가 구부러져 보이는 것을 막을 수는 없다. 그러나 그로부터 막대가 실제로 구부러져 있다는 결론을 도출하는 것은 비판할 수 있다. 이것이 초월적 변증학이 수행하는 '비판'의 의의다. 그러나 반대로 막대가 실제로 구부러져 있지 않다는 것을 안다 해도 구부러져 보이는 것을 막을 수는 없다. 이것이 가상의 불가피함의 의미다.

[1]　임마누엘 칸트, 백종현 옮김, 『순수이성비판』(아카넷, 2006), A297-8=B354-5. 『순수이성비판』의 면수는 관례상 초판("A")과 재판("B")의 면수를 함께 표기한다. 국역본에도 이 기준으로 면수가 표기되어 있다.

가상 없이는 세계도 없다

여기가 이야기의 끝이라면, 즉 가상의 불가피함이 확인되는 데 그친다면 진리와 가상의 관계는 적극적이고 긍정적인 것은 아닐 터이다. 가상은 제거될 수 없지만 어쨌든 그 영향력을 최소화하여 진리를 오염시키지 않도록 하는 것이 철학과 인간의 과제로 부여될 테니 말이다. 칸트의 초월적 가상론의 진정한 독특함은 가상이 인간에게 불가피할 뿐 아니라 불가결하게 필수적이라고까지 말한다는 데 있다.

칸트에 따르면 신이나 자유 같은 초월적 이념들은 인간의 유한한 인식 외부에 있는 '상상의 초점(focus imaginarius)'으로 기능한다. 이것은 경험적으로 인식되지 않는바 칸트 철학에서는 오직 경험만이 인식론적 실재라는 의미에서 '상상의' 초점이다. 그런데 칸트가 보기에 경험적 실재는 그것의 외부에 있는 이 상상의 초점 없이는 체계화되지도 의미를 갖지도 못한다. 말하자면 그것은 하나의 '세계'가 되지 못한다. 상상의 초점은 인간의 (인식의 체계성과 완결성에 대한) 이론적 관심과 (윤리가 요청하는 자유 및 신의 현존에 관한) 실천적 관심이 종합된 하나의 **관점**이며 이 관점에서 나오는 가상의 빛을 따라서만 인간 자신과 관계하는 하나의 세계가 정립될 수 있다.

칸트는 상상의 초점이 인간 자신의 '관점'일 뿐 경험적으로 인식할 수 있는 실재의 지점은 아님을 아는 채로 초월적 가상을 사용하는 것을 '규제적 사용'이라고 한다. 반대로 저 관점을 상상의 초점이 아니라 실재하는 초점으로 여기는 것, 즉 초월적 가상을 초월적 실재로 여기고 사용하는 것을 '구성적 사용'이라고 부른다. 여기서 계몽은 이성과 분리 불가능한 초월적 가상의 규제적 사용을 달성하는 것, 다시 말해 가상을 제거하는 것이 아니라──지금까지 보았듯이 이는 불가능하다.──가상과 '적절한' 관계를 수립함을 의미한다. 이처럼 가상은 칸트 계몽주의의 핵심에 자리하며, 빛(enlightenment)의 철학자는 어둠에서 나오는 빛이 아니면 우리에게 주어지는 빛은 있을 수 없음을 알고 있었다.[2]

[2] 칸트의 계몽주의와 가상의 관계에 대한 더 자세한 논의는 윤영광, 「칸트 비판철학에서 주체의 비동일성 문제」, 《인문과학》 제118집 (2020) 참조.

니체와 관점주의

칸트와 니체는 좀처럼 한데 묶이는 일이 없는 철학자들이지만, 삶에 있어서 관점, 그리고 그것으로부터 필연적으로 귀결되는 가상의 불가피함과 불가결함이라는 주제에 있어서만큼은 나란히 거론될 만하다. 니체는 칸트에게서 싹을 보인 관점주의(perspectivism)를 급진화하며 그것에 새로운 의미와 가치를 부여하는 방식으로 칸트와 자신 사이에 연장선과 동시에 단절선을 그린다.

니체 역시 "모든 삶은 가상, 예술, 착각, 광학(Optik), 관점적인 것과 오류의 필연성을 근거로" 한다고 말한다.[3] 니체가 보기에도 가상-환상-관점-오류는 불가피('필연성')할 뿐 아니라 불가결('모든 삶이 그것에 근거함')하다. 그러나 칸트의 관점주의가 윤리신학적 배경을 갖는 데 반해, 니체의 그것은 니체 고유의 자연주의를 기초로 한다. 니체가 보기에 모든 생명은 힘에의 의지와 다른 것이 아니다. 생명은 힘을 발산하고

---

[3] 프리드리히 니체, 박찬국 옮김, 『비극의 탄생』(아카넷, 2007), 29쪽.

자 하며, 생(生)에 있어 근본적인 것으로 자주 거론되는 자기보존 충동도 이러한 힘에의 의지의 한 표현에 지나지 않는다. 힘의 발산과 의지의 발현은 모두 하나의 출발점을 필요로 하는바, 그런 의미에서 삶은 관점적인 것이고 관점적인 한에서 광학적인 것이며 각도에 따라 다른 상들을, 다시 말해 진상(眞象)이 아니라 오직 관점적 상들만을 허용한다는 의미에서 가상적인 것이다.

모든 생명체는 자신의 종적 특성에 따라 세계를 고정하거나 절단하며, 어떤 생명체의 관점에서 고정되거나 절단된 세계도 세계 그 자체는 아니다. 니체가 보기에 관점을 벗어난 있는 그대로의 무언가와 인간이 관계할 수 있다는 전제 위에 수립되는 진리 관념이야말로 비할 데 없는 가상이다.

진리가 가상보다 가치 있다는 편견

관점주의는 이렇게 정리할 수 있다. 환상 혹은 가상은 칸트라면 관심, 니체라면 힘에의 의지, 일반적으로 욕망이라고 부르는 것으로 인해 생긴다. 삶은 관심과 힘

윤영광

에의 의지와 욕망 자체이기 때문에 인간에게 가상과 분리된 세계는 세계가 아니다. 우리의 세계는 '무관심'의 방식으로만 관계할 수 있는 세계, 즉 세계 그 자체가 아니다. 부분적으로 칸트에 근거하며 니체가 발본적으로 정식화하고 있는 가르침은, 모든 진리는 우리에 대한 진리일 수밖에 없으며, 우리에 대한 진리는 가상에 근거한 진리, 가상 속의 진리, 가상으로 이루어진 진리, 가상으로서의 진리일 수밖에 없다는 것이다. 잦은 오해와 달리 이는 인간중심주의와 무관하다. 인간이 관계하는 세계가 세계 그 자체 혹은 유일한 세계라는 주장이 아니기 때문이다. 오히려 관점주의는 인간이 자신의 한계 안에서, 달리 말해 인간학적 조건 위에서만 세계와 만나게 된다는 사실에 대한 담백한 인정이다.

물론 칸트와 니체의 강조점은 다르다. 칸트가 '가상으로서의 진리'에 관심을 갖는다면 니체는 '가상으로서의 진리'를 말한다. 그리고 이러한 상이한 강조점의 배후에는 관점과 가상이 진리와 맺는 관계에 대한 평가 방식의 차이가 있다. 칸트가 '종합'의 철학자답게 진리와 가상 중 일방의 폐기가 아니라 양자의 적절한 결합을 (어쨌든 진리를 중심에 두고) 고민했다면, 니체는 진리와

계몽은 가상을
제거하는 것이 아니라
가상과 적절한 관계를
수립함을 의미한다.

윤영광

늘 부족한 것은
진실이 아니라
'거짓의 고귀한 역량'이다.

가상의 투쟁, 진리에의 의지 뒤에 숨어 있는 삶에 대한 적개심을 본다. 칸트의 관점주의가 관점과 진리를 어떻게든 화해시키려 한다면, 니체는 관점주의를 기각해온 역사에서 은밀하게 작동하고 있는 진리에의 의지의 도덕적 성격을 문제 삼는 것이다.

니체가 보기에 "진리가 가상보다 더 가치 있다는 것은 도덕적 편견에 지나지 않는다. 그것은 심지어 이 세상에서 가장 큰 오류로 증명된 가정이다." 삶이 가상에 근거한다면 가상을 추방하고 진리를 절대적인 것으로 세우려는 시도는 삶과 대립하지 않을 수 없다. 삶과 무관하거나 심지어 삶보다 높은 위치를 주장하는 가치에 근거하고 그것을 옹호하는 사유들은 삶을 '심판'의 대상으로 삼으며 니체는 이것을 '도덕'이라 부른다. 니체는 진리의 옹호자들에게 "어째서 우리가 관계하는 세계가 허구여서는 안 되는가?"라고 묻는다.[4] 삶은 자신에 대한 외적 심판으로서의 도덕을 알지 못한다는 의미에서 비도덕적이며, 이러한 삶의 무구함은 진리에의 의지와 무관할 뿐 아니라 대립한다. 진리에의 의지

[4] 프리드리히 니체, 박찬국 옮김, 『선악의 저편』(아카넷, 2018), 34절.

윤영광

는 삶의 무구한 힘 그 자체인 가상과 허구의 힘을 심판하여 무화하려는 의지이며, 니체의 관점주의는 단순히 가상을 방어하는 것이 아니라 진리 혹은 진리를 향한 의지의 계보와 본성을 문제 삼는 방식으로 그것에 맞선다.

계몽은 진리로부터의 해방이다

관점은 언제나 정동(affect)과 그로부터 비롯하는 가치평가를 동반한다. 이러저러한 진리 주장들이 일정한 가치평가의 산물임은 물론이고, 더 중요하게는 자연적인 것으로 간주되는 진리에의 의지 자체가 특정한 관점, 즉 특정한 정동과 가치평가를 가리키는 '증상'이다. 그러므로 진리에의 의지는 그것이 표면에 내세우는 진리의 기준에 따라서가 아니라 증상에 대한 '진단'의 방식으로 검토되어야 한다. 이러한 관점에서 니체가 수행하는 진리(에의 의지)에 대한 진단은 다음과 같은 물음들을 제기한다. 가상 그 자체인 세계에서 누가, 무엇을, 어떤 방식으로 진리로 주장하는가, 그러한 진리는 왜 그리고 어떻게 가상이라는 원천과 절연하고 본래적이고 순수한 진리, 말하자면 진리로서의 진리로 현상하여 역으로 가상과 삶을 심판하는 힘을 갖게 되는가, 어떻게 진리로부터 가상을 구해 내고 그리하여 진리를 진리 자신으로부터 구해 낼 것인가.

비판되어야 할 것은 환상이나 가상이 아니라 오히려 진리다. 혹은 진리의 관점에서 정립된 환상에 대한 환상, 이데올로기에 대한 이데올로기다. 진리는 절대적으로 그 자체로 존립하고 정당화되며, 오류-환상-허구와 절연된 상태를 의미한다는 믿음이 탈신비화되어야 한다. 이런 관점에서 계몽은 가상과 오류로부터의 해방이 아니라 오히려 진리로부터의 해방이다.

이데올로기의 기만, 시청자와 구독자와 관객을 조종하는 매체와 광고의 기만, 온갖 가짜 뉴스들의 기만을 탄식할 때, 가장 깊은 문제는 세계의 거짓된 재현이 아니라 세계의 진실 혹은 진실로서의 세계 자체라는 사실은 상대적으로 덜 주목된다. 우리가 현재 진실의 기준에서 거짓과 기만이라고 부르는 것들은 그것의 생산에 적합한, 그것을 가능케 하는 세계의 진실에 기반한다. 현재의 진실과의 관계에서만 존립하는——이때 존립의 방식이 대립이라는 사실은 차이를 만들지 않

윤영광

는다.──거짓과 기만은 그 존재와 작동 자체로 우리가 살고 있는 세계의 문제적 진실을 증거한다.

거짓의 역량, 거짓의 용기

그러므로 늘 부족한 것은 세계 그 자체 혹은 그것의 정확한 표상으로서의 진실이 아니라 '거짓의 고귀한 역량'[5]이다. 고귀한 역량을 갖는 거짓은 현재의 진실에 기생하고 그것을 뒤집어 반영할 뿐인 저열한 거짓과 다르다. 그것은 현재의 진실과의 거짓된 대립 속에 정립되는, 다시 말해 현재의 진실의 거울상일 뿐인 거짓이 아니라 본성상 현재의 진실에 의해 규정되지 않는다는 의미에서의 거짓, 현재의 진실을 문제 삼는다는 의미에서의 거짓, 그래서 새로운 세계를 가리키며 그것을 낳는 움직임을 촉진하는 힘을 갖는 것으로서의 거짓이다. 거짓의 고귀한 역량은 진리나 실재로서의 세계가 아니라 삶으로서의 세계와 관계하며, 세계를 새롭게 만드는 삶의 무구한 역량을 가리킨다.

[5] 질 들뢰즈, 이경신 옮김, 『니체와 철학』(민음사, 1998), 186~187쪽 참조.

거짓에 대한 빈약한 관념과 진실에 대한 왜소한 집착이 지배하는 문화는 거짓의 역량을 탐구하고 실험할 대담성을 고사시킨다. 이미 만들어진 것 혹은 일어난 것(factum)으로서의 '팩트'에 대한 탐닉이 이 문화의 선명한 표식이다. 빨간 알약이 던지는 가장 무서운 질문은, 매트릭스를 벗어나 실재를 대면할 용기가 있느냐가 아니라 거짓이라는 매트릭스의 회피 불가능성을, 거짓이 존재와 사고, 행위의 조건이라는 것을 받아들일 수 있는가이다. 거짓의 외부로 도망치려 할 것이 아니라 거짓 자체에서 살고, 생각하고, 만들고, 싸울 수 있는가이다.

그리하여 가상과 거짓의 철학이 있을 수 있다면, 다음과 같은 물음들의 무게에 대한 감각으로부터만 시작될 수 있을 것이다. "어째서 우리가 관계하는 세계가 허구여서는 안 되는가?"라는 니체의 물음을 진정으로 인수할 수 있는가? 거짓 속에서, 거짓의 창조 속에서, 거짓에 대한 긍정 속에서 자유를 느끼기, 진리가 아니라 거짓 위에서, 거짓에 대해 엄격해지기, 다시 말해 엄격하게 거짓을 행하기, 진리의 기만에서 벗어나 거짓의 정직함으로 향하기, 요컨대 거짓의 윤리학을

윤영광

우리의 과제로 삼고 수행할 수 있는가? 우리를 둘러싸고 있는, 우리가 발 딛고 있는, 우리 그 자체인 거짓에 대한 정직함을 하나의 진실, 어쩌면 유일한 진실의 기준으로 받아들일 수 있는가? 진실의 용기가 가장 깊은 의미에서는 발명과 창조와 변신의 용기, 새로운 삶과 존재에 대해 이야기하기의 용기, 말하자면 거짓의 용기라는 것을 받아들일 수 있는가?

북한 출신인 게 뭐 어때서?

국가와 제도의 경계에서 서 있는 난민에 대해 공부하다 북한이탈
주민과 제3국 출생 자녀 이슈를 접했다. 서울대 인류학과에서 석
사 연구를 하면서 북한 출신 대학생들이 각자의 특성에 맞는 방
식으로 본인의 역량을 실험하고 키워 나갈 수 있는 사회 환경을
만드는 데 관심을 가지게 되었다.

계은진

[주요어] #정체성 #북한출신청년 #거리두기
[분류] 인류학 > 문화인류학

북한이탈주민(이하 탈북민)에 대해 관심을 가지게 된 것은 중국어 때문이었다. 모처럼 배운 중국어를 활용하고 싶던 차에 탈북민의 자녀들에게 중국어로 한국어를 가르칠 교사가 필요하다는 공지를 보았던 것이다. 왜 북한 사람인데 한국어를 중국어로 배워야 하는지 의아했지만 유의미한 기회라고 생각해 참여했고, 중국에서 태어난 탈북민 자녀들을 가르치면서 비로소 이들이 어느 날 갑자기 남한에 존재하게 된 것이 아니라는 당연한 사실을 깨달았다. 3만 명에 가까운 탈북민이 한국에서 생활하고 있다는 사실도 그때 처음 알게 되었다.[1] 내 곁에 살고 있는 그들에 대해 알지 못했다는 사실이 새삼 부끄러웠다. 탈북민, 그중에서도 앞으로 함께 살아가야 할 세대인 북한 출신 청년들[2]에 대해 제대로 알고 싶었다. 그렇게 나는 대학원 석사 과정에서 북한 출신 대학생들의 남한 사회 적응 과정과 정체성에 대해 연구하기로 결정했다.

연구는 쉽지 않았다. 북한 출신 대학생들과 교육 프로그램을 진행하는 다수의 시민 단체들이 있지만, 이미 너무 많은 기자와 연구자 들의 인터뷰를 겪었기에 연구자를 만나는 데 대한 학생들과 단체의 피로도가 높았기 때문이다. 하지만 다양한 탈북민 단체들을 찾아가

---

[1] 2020년 3월 기준 남한에 있는 탈북민은 3만 3000명이다.
[2] 1997년 제정된 「북한이탈주민의 보호 및 정착지원에 관한 법률」은 '북한이탈주민'을 군사분계선 이북 지역에 주소·직계 가족·배우자·직장 등을 두고 있는 사람으로서 북한을 벗어난 후 외국의 국적을 취득하지 않은 사람으로 규정하고 있다. 이 법률이 제정되기 전에는 귀순 용사나 탈북자 등의 표현이 사용되었는데, '이탈'이나 탈북자의 '자'가 주는 부정적 어감을 바꾸려는 시도로 통일부는 2005년 공모를 통해 '새터민'이라는 용어를 만들었다. 하지만 이 또한 '새로 온 타자'라는 느낌을 준다는 이유로 자리를 잡지 못해 다양한 표현이 혼용되고 있다. 이 글에서는 북한이탈주민을 줄인 말로 '탈북민'이라는 용어를 사용한다.
한편 탈북민 청년들에게 그들을 지칭하는 탈북자, 새터민, 북한이탈주민, 탈북 이주민 등 다양한 표현 중 무엇이 가장 좋은지 묻자, 똑같이 대한민국 사람이지만 북한이 고향임을 나타내는 '북한 출신 청년/대학생'이라는 호칭을 선호한다는 대답을 들을 수 있었다. 그래서 개인을 지칭할 때는 연구 참여자가 사용하는 단어를 직접 인용하지 않는 한 이를 따른다.

고 자원봉사도 하며 문을 두드린 결과 한 단체에서 연구를 허락해 주었다. 연구를 시작한 후에도 학생들과 일대일로 인터뷰를 하기까지는 많은 시간과 노력이 필요했지만, 그 시간 동안 다양한 북한 출신 청년들을 만나면서 각 개인의 삶에 대해 알 수 있었다. 그중 몇몇 친구들과는 지금까지도 연락하며 지내고 있다.

이 글에서는 북한 출신 청년들과 서로의 목표나 걱정에 대한 솔직한 이야기를 나누며 알게 된 윗동네[3] 친구들의 모습을 그리고자 한다. 우리와 비슷하면서도 다른 북한 출신 청년들이 환상과 현실 사이를 조율해 나가는 과정에 대한 이야기다.

'장마당 세대'
탈북 1.5세 청년들

내가 만난 탈북 1.5세[4] 청년들은 현재 가족과 함께

[3] 북한을 지칭하는 은어, 이와 대응하여 남한을 아랫동네라고 부르기도 한다.
[4] 이민 1.5세와 유사하게 탈북 1세대인 부모님이나 가까운 성인 친척이 있어 본인이 1세대는 아니지만 이주지에서 태어난 2세와는 다르기 때문에 탈북 1.5세라는 표현을 사용했다.

한국에서 살고 있고, 청소년기에 남한에서 정규 교육을 받으며 비교적 안정적으로 남한 생활에 적응한 결과 서울에 있는 대학교에 진학한 학생들이다.[5] 이들은 대체로 1990년대 중반 최악의 식량난으로 북한의 국가 배급 체제가 무너지고 주민들이 스스로 형성한 장마당(사설 시장)에서 장사를 하면서 생계를 이어 나간 시기에 성장했다. 이 '장마당 세대'는 부모와 다르게 북한의 사회주의 복지 혜택을 누려 본 기억이 없고, 집안의 경제 활동을 돕느라 학교를 잘 나가지 않아 체계적인 사상 교육도 덜 받은 집단이다. 게다가 장마당에서 몰래 유통되는 남한 물건이나 드라마 CD를 통해 외부 세계를 직접 경험하고, 탈북한 친척으로부터 오는 연락과 송금을 통해 북한 밖의 세상을 간접적으로 알게 되었다는 점에서 이전 세대들과 다르다.

2000년대부터 북한의 바깥 세계, 특히 남한에 상대적으로 친숙한 청년들이 남한에 먼저 자리 잡은 탈북민의 도움으로 남한으로 향하는 '이민형 탈북'이 증

[5] 이들은 탈북민 청년들 중에서도 수도권에서 대학교를 다니며, 학기 중에 시민 단체에서 진행하는 교육 프로그램에 참여하기로 선택할 심리적, 물리적 여유가 있는 특수한 집단이다.

가했다. 일상 속에 녹아 든 구호나 영화로부터 북한과 남한은 '한 민족'이라는 민족 교육을 받아 온 북한 청년들은 새로운 삶을 꿈꾸며 남한에 도착한다.

국적은 날 때부터 받았지만

남북이 하나의 민족이라는 환상은 남한에 탈북민의 자리를 만드는 동시에 실망과 좌절을 안긴다. 탈북민에게 한민족(韓民族) 개념은 남한에서 자신의 국적과 권리를 보장해 주는 중요한 버팀목이다. 다른 이주민과 달리 탈북민은 남한에서 대한민국 국적을 받는다. 대한민국 헌법이 대한민국의 영토를 한반도와 그 부속 도서로 규정하고 있고, 국적법 제2조상에서도 혈통을 기준으로 국적이 인정되기 때문이다.[6] 탈북민의 경우 한반도의 북쪽에서 태어나 주민 등록을 하지 못하고 있다가, 남한에 도착해 주민 등록을 하면서 비로소 태어나면서부터 가진 대한민국 국적을 공식적으로 인정받은 것으로 이해된다. 말하자면 남한에서는 복잡한

[6] 김현귀, 『북한 주민의 지위』(헌법재판연구원, 2019), 27~28쪽.

난민 신청 절차 없이 법적 지위를 인정받을 수 있는 것이다.

남한의 지원과 환대는 한 민족으로서 탈북민이 기대하는 것이기도 하다. 북한에서는 민족 교육을 강조하며 북한 주민들이 응당 "남조선의 헐벗고 굶주린 어린이들"을 도와야 한다고 가르치기 때문에 북한 출신 청년들은 당연히 남북한이 서로 도와야 한다는 생각을 가지고 남한에 도착한다. 탈북 과정에서 중국에 머물 때 늘 북송의 위협을 겪었던 한 학생은 "언제 죽을지 모르는 상황에서 자신을 (바로 자국민으로) 받아 준 대한민국이라는 나라에 지금도 감사하다."고 말했다. 하지만 북한과 탈북민에 대한 대다수 남한 주민들의 무관심과 적대감은 같은 민족으로 환영받으리라는 기대를 품고 온 학생들에게 충격과 서운함을 준다.

어릴 때부터 남한에 살며 언어와 사회 문화적 관습을 습득한 1.5세 북한 출신 대학생들은 조용히 학교 생활을 하면 남한 사회에서 평범한 군중의 일부로 존재할 수 있다는 것을 알고 있다. 하지만 북한에서 전문 직업을 가지고 있던 부모님이 남한에서는 북한 출신이라는 이유로 단순노동이나 서비스직밖에 하지 못하는 것, 북한에서 온 티가 나는 동급생들이 남한 학생들로부터 '빨갱이'라고 따돌림을 당하는 것을 보면서 남한 사회에서 자신은 철저하게 타자임을 지속적으로 느낀다. 대학 입시에 정원 외 탈북민 전형이 따로 있어 북한 출신 학생들은 비교적 쉽게 소위 명문대에 입학할 수 있지만, 막상 수업을 들으려고 하면 '팀플'이나 '커뮤니케이션' 같은 남한에서 일상적으로 쓰이는 외래어가 생소해 수업을 따라가는 데 어려움을 겪는다. 다른 학생에게 모르는 걸 물어보는 과정에서 북한 출신임이 의도치 않게 드러나기도 한다.

이런 경험이 누적되면서 북한 출신 대학생들은 고향이 알려지는 것을 '북한'과 '커밍아웃(성소수자 정체성을 숨기다 드러내는 경험을 지칭하는 말)'의 합성어인 '북밍아웃'[7]이라고 부를 정도로 이에 대해 극도로 조심스러운 태도를 보인다. 그래서 북한 출신 대학생들은 대학 안의 탈북 대학생 동아리도 꼭 필요하지 않으면 굳이 참여하지 않으려 하고, 자신이 탈북민임을 드러낼까 하다가도 다른 탈북민 친구들의 정체를 드러내는

[7] BBC News Korea, "북밍아웃: 탈북자 향한 보이지 않는 차별과 편견을 없애기 위해 만든 팟캐스트 방송", 2019년 8월 23일 자.

행위가 될까 염려해 주저하곤 한다.

한민족 낯설게 보기

환대의 환상과 냉정한 현실의 괴리를 느끼는 경험이
누적되면서 한 민족이라는 개념을 이전같이 받아들일
수도, 완전히 거부할 수도 없게 된 북한 출신 청년들
은 외국으로 떠나 '한민족'과 거리를 두기도 한다. 영
국이나 캐나다에서 난민 신청을 하거나 미국이나 독일
의 민주주의 교육 프로그램에 참여해 보는 것이다. 남
한 사회 바깥을 경험한 이들은 공통적으로 그 경험을
통해 남한에서의 삶의 방식이 절대적이지 않다는 것을
인식하고, 세상에 자신이 살 만한 다양한 국가들이 존
재한다는 것을 알게 되었다고 회고했다. 대학 입학에
실패하고 타개책으로 캐나다 난민 신청을 선택한 어느
북한 출신 학생은 "캐나다에서 다름성(다양성)에 대한
포용이 권장되는 것을 경험하며 인식의 틀을 확장할
수 있었다."라고 말했다. 남한을 자신이 꼭 정착해야만
하는 곳이 아니라 "유학 온 나라" 정도로 생각하게 되
었다는 것이다.

‘남북은 하나의 민족이니 통일을 해야 한다’는 생각에도 변화가 생겼다. 이전에는 뗄 수 없는 관계였던 ‘민족’과 ‘통일’ 사이에 틈이 생긴 것이다. 국내외 시민 단체에서 다양한 외국인들과 교류해 온 한 북한 출신 학생은 외국계 시민 단체가 북한 인권에 대해 논의할 때 ‘한민족’ 대신 ‘똑같은 사람’이라는 생각을 바탕 삼아 활동하는 것을 긍정적으로 평가했다. 보편적 인권에 방점을 둔 북한 인권 운동은 북한 주민을 해방한다는 의미에서의 ‘민족 통일’과 거리를 두면서도 북한 사람들을 도울 수 있다는 생각을 심어 주고, 한민족 범주 밖에 있는 사람들과도 연대할 수 있는 새로운 가능성을 열어 준다. 몇몇 학생들은 "절대적으로 통일이 이루어져야 한다는 생각보다는, 북한에 있는 친척과 친구들이 생명의 위협을 느끼지 않을 수 있는 상황이 보장된다면 남과 북이 다른 국가로 존재해도 괜찮을 것 같다."라고 말할 정도로 민족 단결이라는 가치를 상대화하는 태도를 보였다.

심리적 적응 여정을 통해서
북한 출신 대학생들은
스스로가 갖고 있거나
자신에게 투영되었던
환상이 절대적인 참도
완전한 거짓도 아니라는 것을
알아 간다.

계운진

환상이란 다만
각자에게 주어진 현실과
조율해 나갈
가변적인 대상인 것이다.

'먼저 온 통일'의 진짜 의미

북한 출신 대학생들은 한 민족이라는 환상을 현실과 맞춰 가면서, 남한 사회에서 그들에게 투영하는 환상에서 자유로워지기 위해 노력하기도 힌다. 남한의 미디어와 시민 단체의 프로그램에 대한 반응에서 이를 확인해 볼 수 있다.

남한의 미디어는 어떤 사람들이 발언권을 얻는지, 어떻게 편집되는지에 따라 탈북민을 대상화하기도 한다. 2010년대에 들어서면서 「이제 만나러 갑니다」나 「모란봉 클럽」 등 탈북민이 출연해 북한의 사회 문화를 소개하는 예능형 방송이 등장했다. 초기에는 다양한 탈북민들이 출연했고 북한의 근황을 보고 온 사람들이 직접 증언했기 때문에 탈북민들 사이에서도 이런 토크쇼가 인기를 끌었다. 하지만 회를 거듭하면서 남한 대중의 북한에 대한 기대를 투영한 '탈북 미녀'나 '탈북 엘리트' 등 특수한 인물들이 고정 패널로 자리 잡았고, 자극적인 이슈를 중심으로 다루면서 탈북민을 방송 소재로 전락시킨다는 비판이 늘어났다. 남한 미디어에서 북한의 문화 습관을 빨리 버리고 남한 문화

계은진

를 숙달한 탈북민들을 소개할 때 '잘 정착한', '하나도 티가 안 나는'과 같은 수식어를 사용하며 선별적으로 칭찬하거나 감탄하기를 선택할 수 있다는 점에서도 알 수 있듯, 이런 방송을 통해 탈북민에 대해 논하는 주체는 탈북민이 아니다. 많은 탈북민이 미디어에서 재현되는 탈북민의 이미지를 거부하는 이유다. 최근 '배나TV', '또향TV', '북한남자' 등 탈북민이 주축이 되어 운영하는 유튜브 채널은 이러한 남한 중심적인 탈북민 재현에서 벗어나려는 시도 중 하나로도 볼 수 있다.

시민 단체나 공공 기관 들도 교육 프로그램이나 장학 사업에 어떤 북한 출신 학생들을 선발하는지, 그리고 그들에게 어떤 피드백을 요구하는지에 따라 남한 사회에서 '긍정적'으로 평가되는 정착 태도에 대한 메시지를 직간접적으로 전달한다. 대학에 다니는 북한 출신 청년은 다양한 교육 사업에 참가하거나 장학금을 받을 기회가 많다. 하지만 시민 단체 사업의 성공 여부를 평가하는 기준 중 하나가 최종 수료 인원과 출석률일 정도로 많은 학생들이 프로그램에서 중도 이탈한다. 해외 연수나 장학금이라는 보상이 수료자에 한해 제공되기 때문에 단순히 학생들이 프로그램을 중요하게 여기지 않아서 포기한다고 볼 수는 없다. 학업과 병행하기 어려운 수준의 과제나 시간 소모도 영향을 줄 수 있지만, 그보다 근본적인 문제는 자신에게 맞지 않는 프로그램에 참여한다는 불편함이다. 북한 출신 대학생들은 심리적으로 편하지 않은 프로그램을 거부하거나 수료 후에 비평하면서 평가하는 주체성을 되찾고자 시도한다. 북한 출신 대학생들은 더 이상 단발성 행사 위주의 보여 주기식 프로그램에 참여하거나 운영진이 정해 놓은 정답을 요구하는 활동에 "억지 감동"하고 싶지 않다고 말한다. 기관의 의도와 가치관에 맞춰서 자기소개서를 쓰며 자신의 과거와 목표를 끼워 맞춰야 했던 한 학생은 그런 상황들이 "오글거려서" 너무 힘들고, 이제는 단체들에서 어떤 프로그램을 제공하는지 보고 "설 자리 안 설 자리" 가려서 선택한다고 대답했다.

　　나아가 북한 출신 대학생들은 그들에게 떠안겨진 정체성을 거부하는 방식으로 새로운 탈북민 정체성을 표현하기도 한다. 북한 출신 대학생들은 하나원(북한이탈주민정착지원사무소)과 정부 기관으로부터 '한민족', '먼저 온 통일'로 인식되고, 시민 단체 교육프로그램에서는 '남북한 사회 통합의 리더'라는 역할을 부여받는다. 모두 스스로 요구한 적 없는 수식어다. 남한 방송에서 '엄친아'로 명명되었던 한 학생은 "본의 아니게 북한이나 탈북자나 북한 주민을 대표"하게 된 자신이 탈북민이라는 소수 집단에 악영향을 미칠까 봐 계속 행동을 검열했고, 그런 일이 부담스러워 방송을 그만뒀다고 말했다. 그는 북한 출신 대학생들이 꼭 "공부를 잘할 필요도, 누군가에게 잘 보일 필요도, 남한이라는 사회에 자신을 맞춰 적응할 필요도 없"이, 여느 남한 출신 청년처럼 각자 자신의 다른 모습 그대로 남한 사회에 존재하는 것이 오히려 "가장 정확한 (먼저 온) 통일"이라고 주장했다.

현실과 환상의 교차로에서

지금까지 살펴본 한 민족에 대한 환상과 탈북민에 대한 환상 외에도 수많은 층위의 외부적 요인들이 북한 출신 대학생들을 서로 다른 방향으로 끌어당겨 매 순간 본인이 어떤 정체성을 선택할 것인지 고민하게 한다. 1.5세 북한 출신 청년들은 겉으로는 탈북민 정체성을 거의 완전히 숨기며 차별을 피할 수도 있지만, 가족 또는 외양에서 탈북민임이 드러나는 사람들이 차별받는 모습을 목격하면서 지속적으로 심적 갈등을 겪는다. 그 갈등을 해소하기 위한 방법이 다양한 물리적, 심리적 거리 두기 활동이며, 남한 사회에서 살아가기 위한 실험은 반복된다.

이민자들의 문화 변용 과정을 연구한 존 베리[8]의 개념을 빌리자면 북한 출신 대학생들은 기대와 현실의 교차로에서 남한 사람들과 완전히 같아지기 위한 동화, 남한 사회의 가치관과 거리를 두는 주변화를 거쳐서 절대적이라고 생각했던 가치관들에 개인의 현실이 반영된 고유한 입장을 성립하는 통합에 이른다. 이와 같은 문화 변용은 개인의 사회 문화적 배경에 따라서 분절적(segmented)으로[9] 이루어지며, 그들을 받아들이는 수용 사회의 반응에 영향을 받기도 한다. 북한

[8] Berry, J., "Immigration, Acculturation, and Adaptation", *Applied Psychology: An international review* 46. 1(1997). pp. 5~68.
[9] Portes, A. and M. Zhou, "The New Second Generation: Segmented Assimilation and Its Variants", *Annals*, AAPSS 530(1993). pp. 74~96.

출신 대학생 집단에도 마찬가지로 동화, 주변화, 통합, 고립의 다양한 스펙트럼을 보여 주는 학생들이 공존하고, 같은 과정을 겪고 있더라도 각각이 그 과정을 경험 및 해석하는 양상이 다르다.

이런 심리적 적응 여정을 통해서 북한 출신 대학생들은 스스로가 갖고 있거나 자신에게 투영되었던 환상이 절대적인 참도 완전한 거짓도 아니며, 다만 각자에게 주어진 현실과 조율해 나갈 가변적인 대상이라는 것을 알아 간다. 내가 만났던 북한 출신 대학생들은 "와서 경험하고 정착하는 사람이 백이면 백 다르기" 때문에, 이제 자기가 할 수 있는 최선은 "나의 진실"을 이야기하는 것뿐이라고 말했다.

누군가는 연구 집단 내에 이렇게 다양한 사람들이 존재한다는 결과가 학문적으로 무슨 의미가 있냐고 묻기도 한다. 탈북민 연구를 했는데 탈북민은 다 다르다는 결론이라면, 탈북민에 대해 '안다'고 할 수 있느냐는 질문이다. 하지만 나는 탈북민을 나와 동떨어진, 고정된 집단으로 상정하고 정의 내리지 않는 것이 연구의 토대가 되어야 한다고 생각한다. 다름성, 그러니까 다양성이 만드는 틈에서 아랫동네와 윗동네가 서로를 가장 솔직하게 알아 갈 수 있는 가능성이 생기기 때문이다. 탈북민을 하나의 프레임만으로 뭉뚱그리기보다는, 한 사람 한 사람을 그저 함경북도 무산, 량강도 혜산 출신인 사람, 나아가 출신 지역 외에 더 많은 정체성을 지닌 사람으로 생각하고 내화한다면 우리가 서로 이해하고 공감할 수 있는 폭이 훨씬 넓어질 거라고 믿는다.

계은진

희망의
물리적 토대

2012년 2월 장애인 인터넷 언론사 《비마이너》에 들어왔고 2018년 4월부터 편집장을 하고 있다. 좋아하는 일을 열심히 잘 하는 것과 좋아하는 사람들과 함께하는 일상을 지키는 것 사이에 서 자주 미끄러진다. 하나의 일을 오래도록 한 장인(匠人)에 관한 이야기를 좋아한다. '비마이너 장인'이 되고 싶다는 생각을 자주 한다. 장기투쟁농성장의 이야기를 담은 『섬과 섬을 잇다 2』, 선감 학원 피해생존자 구술 기록집 『아무도 내게 꿈을 묻지 않았다』를 함께 썼다.

강혜민

[주요어] #장애운동 #활동가 #현장

[분류] 사회과학 > 장애학

2012년 2월, 《비마이너》에 들어왔을 때 나는 하나의 영상과 사진집, 책을 건네받았다. 2001년 장애인 이동권 투쟁을 다룬 다큐멘터리 「버스를 타자」와 역시나 장애인 이동권 투쟁을 기록한 사진집 『더 이상 죽을 수 없다』, 장애인운동 활동가가 쓴 책 『당신은 장애를 아는가』였다. 영상 속에서 장애인들은 지하철 선로로 내려가 목에 쇠사슬을 매고, 서로를 묶은 채 앞에서 돌진하는 지하철을 응시하고 있었다. 어떤 장면에서는 그들이 함께 지하철을 타고 내리자 한 시민이 "병신들"이라고 욕지거리를 퍼부었다. 장애인들은 무표정한 얼굴로 소낙비처럼 퍼붓는 욕설과 고함을 들었다. 휠체어 탄 사람들이 탈 수 있는 버스가 없어서 버스를 점거하기도 했다. 그때 처음 알았다. 휠체어 탄 사람은 버스를 탈 수 없다는 것을. 그 현실이 너무 충격적이어서 그날 이후 한동안 내가 타는 버스와 지하철이 너무 낯설었다. 왜 여기엔 장애인이 보이지 않는가.

낯설어진 현실

《비마이너》 사무실은 노들장애인야학(이하 야학)과 물리적으로 아주 가까워서 나는 자연스럽게 야학의 일상을 함께하게 됐다. 야학에는 학령기 때 장애를 이유로 학교에 가지 못한 중증 성인 장애인들이 다니고 있었다. 수업은 저녁에 하는데 몇몇 학생들은 상근자들 출근 시간과 비슷하게 아침부터 야학에 와 있었다. 그들은 하루 종일 복도를 거닐며 트로트 음악을 따라 부르고, 전동 휠체어를 충전하며 어두운 교실 한켠에 앉아 있었다. 저녁때 오면 되지 왜 아침부터 나와 있는 걸까. 야학 상근자에게 물으니 "갈 곳이 없어서."라는 답을 들었다.

2014년, 야학은 급식을 시작했다. 초중고등학교에서는 무상 급식을 하는데, 야학은 무상 급식 지원을 받지 못했다. 야학이 없는 재정에도 불구하고 급식을 시작하게 된 이유를 취재하며 나는 망연자실했다. 아침 일찍 야학에 와 있는 학생들은 식사 보조를 할 활동지원사가 없어서, 혹은 활동지원사가 있어도 돈이 없어서, 혹은 활동지원사가 있고 돈이 있어도 휠체어 접근 가능한 식당이 없어서 하루 종일 굶고 있었다.

야학 상근자들 대부분도 가난하니 도시락을 싸서 다녔는데, 학생들의 현실을 누구보다 잘 아는 그들이 마음 편히 밥 먹을 수는 없는 노릇이었다. 이들은 '한 끼를 먹더라도 다 함께 마음 편히 먹어 보자.'며 오랜 준비 끝에 '평등한 밥상'을 위한 급식을 시작했다. 그러나 평등이 그렇게 쉽게 올 리 없었다. 처음에는 학생들에게 이천 원의 급식비를 받았으나 여전히 돈 때문에 못 먹는 이들이 있었고, 그다음 천 원으로 내렸지만 여전히 못 먹는 이들이 있었다. 결국 야학은 막대한 적자를 감수하며 2016년 '무상 급식'을 시작했다. 그제야 누구도 돈이 없다는 이유로 굶지 않게 되었고, 방학 때도 야학에 오면 하루 두 끼는 먹을 수 있었다.

송국현의 죽음, 이전과 이후

송국현은 야학 학생이었다. 27년만에 장애인 수용 시설에서 나와 지역 사회에서 자립 생활을 시작하던 2013년 10월, 그의 나이 52세였다. 지적 장애에 오른쪽 팔과 다리를 사용할 수 없는 중증 장애인이었지만 중복 장애 3급이라는 이유로 나라에서 제공하는 활동지원 서비스는 이용할 수 없었다. 당시엔 장애 1, 2급만 신청할 수 있었기 때문이다.

　그는 '탈(脫)시설'한 다른 장애인들과 마찬가지로 '체험홈'(장애인이 자립 생활을 위해 임시 거주하는 주택)에 살며 야학에 와서 함께 공부했다. 활동지원사가 없어 그를 지원하던 장애인 자립 생활 센터 활동가의 도움으로 야학에 오갔다고 한다. 야학에서 그가 썼던 공책을 본 적 있다. 그 공책에는 연필로 왕십리역, 상왕십리역, 신당역이 쓰여 있었고 동대문역사문화공원역은 쓰이다 말고 쓰이다 말고를 반복하고는 끝내 완성되지 못했다. 동대문역사문화공원역. 그 글자를 열심히 연습했을 그는 2014년 4월 13일, 집에 홀로 있던 사이 발생한 화재로 전신 3도의 화상을 입고 사망했다. 시설

강혜민

에서 나온 지 겨우 6개월이 지난 무렵이었다. 불이 났지만 타인의 도움 없이 걸을 수 없던 그는 누워 있던 침대에서 한 발자국도 움직이지 못하고 문자 그대로 '타죽었다.'

　　장애인운동계는 분향소를 차리고, 복지부 장관 집 앞에서 1인 시위와 집회를 하며, 그의 영정을 들고서 장례 투쟁을 이어나갔다. 복지부 장관의 사과와 송국현을 죽게 한 제도의 개선을 요구하며 싸웠다. 송국현의 죽음은 세월호 참사와도 시기가 겹친다. 세월호 참사와 송국현의 죽음에 분노와 무력감이 목을 죄어오던 그때, 그럼에도 그 질긴 싸움의 시간과 끝끝내 손에 쥔 약간의 변화가 그 무력감과 비참함을 버티게 했다. 그때의 싸움으로 활동지원 신청 자격은 3급으로 확대됐고, 이는 2019년 7월에 시행된 장애등급제 단계적 폐지의 밑거름이 되었다. 투쟁으로 송국현 이전과 다른 현실을 만들어 낸 것이다.

이곳에 머무는 이유

언젠가 "왜 계속 《비마이너》에 있어요?"라는 질문을

받은 적이 있다. 나는 "싸우는 사람들과 함께 있는 게 좋아서."라고 답했다. 오늘은 사지가 들려 끌려 나가고 "병신들"이라는 욕을 들어도 질기게 싸워 변화를 가져올 것이라는 믿음. 운동은 그 믿음을 배반하지 않았다. 가장 약한 곳에서 세계는 확장되었다.

운동 단체의 가장 중요한 사명은 그 시대를 사는 민중들이 진실을 꿰뚫어 보고, 말하고, 힘을 모으기 위한 희망의 물리적 근거로서 기능하는 데 있다.

서준식 선생이 했다는 말이라는데, 나는 이 말을 전국장애인차별철폐연대 공동대표인 박경석 야학 고장쌤('고장 났다'고 해서 교장이 아닌 '고장'쌤이라고 부른다.)이 인용한 데서 보았다. 희망의 물리적 근거. 이 단어를 처음 들었을 때 이해가 될 듯 되지 않았는데, 어쩐지 마음에 착 와닿아 머릿속 어딘가에 챙겨 두고 있었다. 그러다 언제부턴가 이 단어가 피부처럼 만져졌다. 추상적인 희망에 대한 구체적이고 물리적인 근거. 그게 나에게도 절박해진 어느 시절부터였을까. 그 물리적 근거 중 하나가 내겐 《비마이너》였다. 아주 구체

적으로는, 내가 바로 그 '희망의 물리적 근거'가 되고
싶었다.

"살아남은 자, 조직하라"

지난해 《비마이너》는 장애인운동의 물적·정신적 토대
를 만든 장애 해방 열사들을 기록하는 기획 연재를 했
다. 요즘 시대에는 너무 낯선 '열사'라는 단어를 곱씹으
며 주류 역사에는 기록되지 않은 그들의 삶을 복원했
다. 파편적 정보로 흩어져 있는 조각들을 모아, 하나의
이야기로 정리하여 그것을 역사의 자리에 놓는 작업이
었다.

　　말은 그럴듯하지만, 이것은 멋진 투사들의 이야기
가 아니다. 글 속에 나타난 1980년대 중반부터 2000년
중후반까지의 중증장애인의 삶은 초라하고 비루했다.
그것은 가난하고 장애가 있다는 이유로 이 사회 밑바
닥에 짓눌린 이름 없는 이들의 발버둥 같은 것이었다.
그들은 늘 지는 싸움만 했다. 싸움의 자리에서 앞장섰
던 한 이는 벗어날 수 없는 가난과 패배감에 알코올 중
독으로 삶을 쓸쓸히 마감했고(박흥수), 또 다른 이는 과

그날 이후 한동안
내가 타는 버스와 지하철이
너무 낯설었다.
왜 여기엔 장애인이
보이지 않는가.

강혜민

초반 2~3년은
'아무도 읽지 않을 기사를
왜 쓰는 걸까'
수백 번 자문하며 썼다.
그러다 언제부턴가
기사 쓰는 행위가 활동가들이
농성장의 하루하루를
지켜 내는 것과 비슷하다는
생각이 들었다.

로로 숨졌으며(정태수), 또 다른 이는 음독자살했다.(최옥란). 나는 이러한 토대 위에 있는 오늘날 장애인운동의 모습을 곱씹으며 '운동이란 무엇일까' 자꾸 물음이 들었다.

기획 연재의 막바지쯤 그 시간을 온몸으로 밀고 온 박경석 고장쌤이 정태수 열사를 기억하는 한 인터뷰에서 이렇게 말했다. "내가 아니라 우리가 무엇을 할 수 있을지 고민하는 것"이 조직이라고. "조직한다는 건 관계를 맺는 일인데 그(정태수)는 정치인이나 엘리트를 조직한 게 아니라 밑바닥의 삶을 조직"하였고, 그 "목표는 투쟁을 하는 것"이며 "그게 장애인운동의 희망"이라고 했다.

"살아남은 자, 조직하라." 정태수 열사가 남긴 말이다. 그 말이 그제야 이해가 됐다. 집회의 힘이 머릿수에 있듯, 장애인운동도 똑같았다. '희망의 물리적 근거'를 만드는 것은 '조직'에 있었다.

현장을 취재하고 있는 기자는 나 혼자

전국장애인차별철폐연대는 2001년 장애인 이동권 투

강혜민

쟁을 이어 받아 '진보적 장애인운동'을 지향하며 지금도 여전히 도로를 점거하고, 농성을 하며 싸움을 이어 나가고 있다. 이들은 장애인들이 수용 시설이 아닌 바로 이 지역 사회에서 함께 살 수 있는 사회적 조건을 만들기 위한 투쟁을 해 왔다. 그러나 그 투쟁을 정확한 언어로 담아내고 장애인 문제를 중요한 사회적 이슈로 읽어 내는 언론사는 없었다. 장애인운동은 기록되지 않음으로써 존재하지 않는 역사가 되었다. 《비마이너》는 바로 그 현장을 기록하고 알리기 위한 절박함 속에서 2010년 탄생했고, 나는 그로부터 2년 후에 들어왔다.

기자 생활 초창기에 장애인운동 집회 취재를 나가면, 처음에는 취재를 하다가도 어느덧 경찰을 밀치고 소리 지르며 참가자들처럼 싸우곤 했다. 분노를 참을 수가 없었다. 경찰은 휠체어 탄 장애인들이 갈 수 있는 경사로는 막고 계단만 열어 둔다던가, 엘리베이터 전원을 차단하는 식으로 진압했다. 그런데 어느 날 깨달았다. 그 현장을 취재하고 있는 이는 《비마이너》 기자, 나 혼자뿐이라는 걸. 서울이 아닌 지역일수록 더 심했다. 그때부터 이 싸움에서 내 몫은 현장을 잘 기록하여 알리는 것이라 생각하고, 할 수 있는 한 샅샅이 기록하기 시작했다.

이런 생각은 "조직하라."라는 말을 만나고서 또 조금 바뀌었다. 기록자를 넘어서, 글로 사람들을 조직하는 '조직 활동가'가 되고 싶었다. 《비마이너》는 장애인을 시혜와 동정의 대상이 아니라, 억압과 차별에 저항하는 싸움의 주체로 드러낸다. 자기 삶을 살아가는 한 사람의 몫을 가진 사람으로 그들의 목소리를 전한다. 내가 목격한 "우리의 싸움은 정말 혁명적"이었다. '우리'의 경계를 확장하고 싶었다. 나의 글이 그 확장에 기여할 수 있기를 바랐다.

농성장의 하루하루,
수백수천 개의 《비마이너》기사

내가 들어오고 2년이 지나서도 《비마이너》는 월 후원금이 백만 원이 채 되지 않을 만큼 열악했고, 최저임금도 주기 어려웠다. 재정 상황뿐만 아니라 언론으로서의 매체 영향력도 흐릿했다. 이 글을 읽는 많은 이들에게 여전히 《비마이너》는 낯선 매체이고 장애인 문제는 '나와 상관없는' 문제로 인식될 것이다. 그렇지만 과거에 비하면 과분할 정도의 신뢰를 받고 언론으로서의 위치도 선명해졌다. 여기까지 10년의 시간이 걸렸다. 나는 그중 8년 반의 시간을 함께했는데, 늘 활기차고 확신에 찼던 것은 아니다.

초반 2~3년은 '아무도 읽지 않을 기사를 왜 쓰는 걸까' 수백 번 자문하며 썼다. 활동가들은 다 아는 내용이니 읽지 않는 것 같았고, 장애인운동 밖의 사람들은 이런 이야기에 관심 없으니 읽지 않는 것 같았다. 조회 수가 증명했다. 같은 내용의 기자 회견을 어제는 시청, 오늘은 광화문 광장, 내일은 인권위에서 했고, '어제 쓴 기사를 오늘 왜 또 써야 할까' 싶었다. 하지만 어떤 문제도 해결되지 않았기에 안 갈 수는 없었다. 활동가들은 집회 끝나면 뒤풀이를 하러 가는데, 나는 카페나 텅 빈 사무실에서 빈속에 커피 마시며 아무도 읽지 않을 기사를 쓰고 또 썼다.

그러다 언제부턴가 기사 쓰는 행위가 활동가들이 농성장의 하루하루를 지켜 내는 것과 비슷하다는 생각이 들었다. 그 하루하루란 전날 누군가 비우지 않은 쓰레기통을 비우고, 물이 다 떨어진 정수기의 물통을 바꾸고, 먼지가 소복이 쌓인 영정 사진을 닦는 것으로 시작했고, 어느 날 농성장을 사수하기로 한 이가 펑크라도 내면 급하게 '땜빵'할 누군가를 찾는 일상이었다. 그러면서도 운동의 동력이 떨어지지 않게 계속 '싸움을 만들어 내는' 진지의 역할을 해야 했다. 지루한 수년의 싸움이 지속되고서야 겨우 쥘 수 있는 것이 성과이고, 그마저도 얻지 못할 가능성은 컸다.

그렇게 반복되는 수많은 '하루'처럼 나도 뻔하디뻔한 수백 개(어쩌면 수천 개)의 기사를 썼던 것 같다. 성취감을 준 기사는 몇 개 없었다. 그런 기사들은 잘해야 한 달에 한두 개 쓸 수 있었을 뿐이다. 성취감도 온전히 느끼기는 힘들었다. 기사 내용 대부분은 지옥 같았으므로. 내가 쓴 기사 대부분은 문제를 알리는 내용이었지, 문제가 해결된 것은 거의 없었다. 다만 잘 써서 한 사람이라도 더 읽게 했다면 다행이었다.

"가치로 남는다는 것은
인생을 걸어 볼 만한 일"

지금도 크게 다르지 않다. 물론 변한 것도 있다. 단신 기사도 쓸 줄 몰라 쩔쩔맸던 내가 그사이 편집장이 되었고,《비마이너》에 가장 오래 남음으로서 무언가를 책임지는 사람이 되었다. 나도 모르는 사이 축적된 역량은《비마이너》가 지금 해야 할 일과 하고 싶은 것들을 꾸준히 만들어 냈는데, 그것들을 해낼수록 나는 고갈됐다. 한정된 자원으로 무한히 멋진 성과를 내는 것은 불가능했으나, 어떻게든 해내고 싶었고, 그것은 '개인을 갈아 넣음으로써' 가능했기 때문이다.

우리는 앞으로도 쉽지 않은 길을 갈 것입니다. 하지만 가치로 남는다는 것은 인생을 걸어 볼 만한 일입니다.

야학 홈페이지 고장쌤 인사말 마지막에서 두 번째로 나오는 문장이다. 종종 홈페이지에 들어가 이 부분만 들여다본다. "가치로 남는다는 것은 인생을 걸어 볼만한 일입니다." 이 말에 마음이 기울어서, 막막하고 무기력해질 때면 그 말을 지팡이 삼아 버틴다.

2020년 여름, 지독한 날씨처럼 지독한 번아웃이 와서 몸과 마음이 사납게 파헤쳐졌다. 그저 겪어 내고 견딜 뿐이다. 다만 이제 지난 시간보다 덜 흔들리게 되었다. 지난 8년 반의 시간을 함께하며 이곳에 뿌리를 내리게 되었으니, 그것도 운동이 내게 준 것이다. 이것이 나의 오늘이다. 이 하루하루를 견인하여 '우리'는 우리가 가닿고자 하는 현실에 이를 것이다. 그 현실은 환상적이지도, 이상적이지도, 낭만적이지도 않다. 장애인이 수용 시설이 아닌 지역 사회에서 살며 기쁨과 슬픔과 사랑과 절망을 느끼며 살 수 있는 그 뻔한 현실. 그 일상을 가지고 싶다. 아마 우린 끝내 가질 것이다.

강혜민

참고 문헌(발표순)

김영준 「환상을 팝니다」

그레이엄 그린, 「에지웨어로 뒷골목의 조촐한 극장」, 『권력과 영광/밀사 외』, 황찬호 옮김(을유문화사, 1962); 『청색영화』, 황찬호 옮김(범조사, 1978); 『그레이엄 그린』, 서창렬 옮김(현대문학, 2017)에도 수록.

카를 슈미트, 『정치적 낭만』, 배성동 옮김(삼성출판사, 1977).

로즈메리 잭슨, 『환상성』, 서강여성문학연구회 옮김(문학동네, 2001).

한기호, 『베스트셀러 30년』(교보문고, 2011).

줄리언 시먼스, 『블러디 머더』, 김명남 옮김(을유문화사, 2012).

츠베탕 토도로프, 『환상문학 서설』, 최애영 옮김(일월서각, 2013).

Stanisław Lem, "Todorov's Fantastic Theory of Literature", *Science Fiction Studies*, Vol. 1, No. 4, Fall 1974.

Various, "On Lem on Todorov" in *Science Fiction Studies*, Vol. 2, Part 2, July 1975.

Franco Moretti, "A Capital Dracula" in *Dracula: A Norton Critical Edition*(New York: W. W. Norton, 1997).

Alice Smith, "A Little Place off the Edgware Road", *The Facts on File Companion to the British Short Story* ed. by Andrew Maunder(Infobase Publishing, 2007).

맹미선 「포스트 코로나라는 상상」

구글 트렌드(https://trends.google.com).

청와대 대통령의 말과 글(https://www1.president.go.kr/c/president-speeches).

황준호, 「최기영 장관 "포스트 코로나19, 대비하라"」, 《아시아경제》, 2020년 3월 30일(https://view.asiae.co.kr/article/2020033010000430021).

김미경, 『김미경의 리부트』(웅진지식하우스, 2020).

김용섭, 『언컨택트』(퍼블리온, 2020).

안희경 외, 『오늘부터의 세계』(메디치, 2020).

정관용 외, 『코로나 사피엔스』(인플루엔셜, 2020).

Bensaude-Vincent Bernadette(2014), "The Politics of Buzzwords at the Interface of Technoscience, Market and Socitey: The Case of 'Public Engagement in Science'", *Public Understanding of Science* 23, SAGE: pp.238~253.

김공회 「기본소득, 이상 또는 공상」

카를 마르크스, 강유원 옮김, 『헤겔 법철학 비판』(이론과실천, 2011).

이병현 「「조커」, 억지웃음의 이미지」

듀나, 「마냥 열광할 수만은 없는 '조커'의 감수성에 대하여」, 《엔터미디어》(2019.10.8).

박지훈, 「「조커」의 폭력을 어떻게 읽을 것인가의 문제와 우리 시대의 문제」, 《씨네21》 1226호(2019.10.15~2019.10.22).

김병규, 「「조커」의 폭력, 엉성한 난장」, 《씨네21》
　　1226호(2019.10.15~2019.10.22).

김혜리, 「'김혜리의 영화의 일기' 웃는 남자」, 《씨네21》
　　1227호(2019.10.22~2019.10.29).

남다은, 「어느 망상증자의 도취법」, 《필로》 제11호(2019년 11월호).

질 들뢰즈, 김종호 옮김 『대담 1972~1990』(솔, 1993).

　　　　, 이정하 옮김 『시네마 2: 시간-이미지』(시각과언어, 2005).

자크 오몽, 김소영 옮김, 『영화 속의 얼굴』(마음산책, 2006).

제프리 노웰 스미스 엮음, 이영아 외 옮김, 『옥스퍼드 세계
　　영화사』(열린책들, 2006).

Hal Hinson, "Buster Keaton, Seriously Funny",
　　Washington Post, 1995. 10. 22.

Roger Ebert, "Reviews: Broken Blossoms"(2000. 1. 23,
　　https://www.rogerebert.com/reviews/great-movie-
　　broken-blossoms-1919).

김유진 「판타지와 함께 살아남기」

C. S. 루이스, 전경자 옮김, 나르니아 연대기 시리즈 2 『사자와 마녀와
　　옷장』(성바오로, 1991); _____, 햇살과나무꾼 옮김, 나니아 나라
　　이야기 2 『사자와 마녀와 옷장』(시공주니어, 2001).

모리스 샌닥, 강무홍 옮김, 『괴물들이 사는 나라』(시공주니어, 1994).

아스트리드 린드그렌, 햇살과나무꾼 옮김, 『내 이름은 삐삐
　　롱스타킹』(시공주니어, 1996).

메리 노튼, 손영미 옮김, 『마루 밑 바로우어즈』(시공주니어, 1996).

로알드 달, 김난령 옮김, 『마틸다』(시공주니어, 2000).

김서정, 『멋진 판타지』(굴렁쇠, 2002).

　　　　, 『어린이문학 만세』(굴렁쇠, 2003).

리처드 애덤스, 햇살과나무꾼 옮김, 『워터십 다운』(사계절, 2003).

츠베탕 토도로프, 최애영 옮김, 『환상문학 서설』(일월서각, 2013).

엔스 안데르센, 김경희 옮김, 『우리가 이토록 작고 외롭지 않다면』(창비, 2020).

Chris Van Allsburg, *The Polar Express*(Houghton Mifflin, 1985).

Sheila A. Egoff, *Worlds Within: Children's Fantasy From The Middle Ages To Today*(American Library Association, 1988).

박지원「잔혹한 낙관주의에서 깨어나기」

박지원·김회용, 「신자유주의 교육의 정서로서 '우울'과 '잔혹한 낙관주의」,《교육사상연구》33(1), 2019.

리처드 세넷, 조용 옮김, 『신자유주의와 인간성 파괴』(문예출판사, 2002).

사토 요시유키, 김상운 옮김, 『신자유주의와 권력: 자기-경영적 주체의 탄생과 소수자-되기』(후마니타스, 2014).

로렌 벌랜트, 최성희 외 옮김, 「잔혹한 낙관주의」, 『정동이론』(갈무리, 2015).

김홍중, 『사회학적 파상력』(문학동네, 2016).

임보라「어두운 사건들을 통과하기」

Thomas Bernhard, *Ereignisse*(Frankfurt am Main: Suhrkamp taschenbuch 2309, 1994).

Wilhelm Schmidt-Biggemann, "Erwarten. über die gegenwärtigen Formen der Zukunft", *Erwartung eines Endes: Apokalyptik und Geschichte*. Hrst. Helmut Holzhey/Georg Kohler(Zürich: Pano Verlag, 2001).

René Descartes, *Der Briefwechsel Mit Elisabeth Von Der Pfalz: Französisch-Deutsch*, Hrsg. Von Isabelle

Wienand, übers. Olivier Ribordy(Hamburg: Meiner, 2015).

윤영광 「가상과 거짓의 철학」
윤영광, 「칸트 비판철학에서 주체의 비동일성 문제」, 《인문과학》 제118집(2020).
질 들뢰즈, 이경신 옮김, 『니체와 철학』(민음사, 1998).
임마누엘 칸트, 백종현 옮김, 『순수이성비판』(아카넷, 2006).
프리드리히 니체, 박찬국 옮김, 『비극의 탄생』(아카넷, 2007).
_____, 박찬국 옮김, 『선악의 저편』(아카넷, 2018).

계은진 「북한 출신인 게 뭐 어때서?」
BBC News Korea, "북밍아웃: 탈북자 향한 보이지 않는 차별과 편견을 없애기 위해 만든 팟캐스트 방송", 2019년 8월 23일 자.
김현귀, 『북한 주민의 지위』(헌법재판연구원, 2019).
Portes, A. and M. Zhou, "The New Second Generation: Segmented Assimilation and Its Variants," *Annals*, AAPSS 530(1993).
Berry, J., "Immigration, Acculturation, and Adaptation," *Applied Psychology: An international review* 46. 1(1997).

강혜민 「희망의 물리적 토대」
《비마이너》(http://beminor.com/).
노들장애인야학 홈페이지, 2020년 8월 24일 검색(http:// nodl.or.kr/nodeuledu_greetings).
박종필, 다큐멘터리 「버스를 타자」(2002).
사회사진집단 엮음, 『더 이상 죽을 수 없다』(박종철출판사, 2004).
김도현, 『당신은 장애를 아는가』(메이데이, 2007).

지난 호 목록

2호 인플루언서(2020년 5월)

2호를   「우리는 영향력을 원한다」
펴내며

인문잡지 한편
3
환상

글
김영준, 맹미선, 김공회, 이병현,
김유진, 박지원, 임보라, 윤영광,
계은진, 강혜민

편집
신새벽, 이한솔, 김세영

디자인
유진아

발행일
2020년 9월 4일

발행인
박근섭, 박상준

펴낸곳
(주)민음사

등록일 / 등록번호
2020년 5월 20일
강남, 사00118

주소
서울시 강남구 도산대로1길 62(신사동)
강남출판문화센터 5층(06027)

대표전화
02-515-2000

홈페이지
www.minumsa.com

값 10,000원

ISBN / ISSN
978-89-374-9141-2 04100
2733-5623

ⓒ (주)민음사, 2020
본지에 실린 글과 사진의 무단 전재 및
복사를 금합니다.